# L'INDIVIDUALISME

PRINCIPE & LOIS

DES

## SOCIÉTÉS DÉMOCRATIQUES

par

L.-P. MASSIP

γνωθι σε αυτον

*Intueri naturam et sequi.*

La liberté féconde la justice,
et ne la détruit pas.

***Prix : 2 francs***

PARIS
ARMAND LE CHEVALIER, ÉDITEUR
61, RUE RICHELIEU, 61

1873

# L'INDIVIDUALISME

# L'INDIVIDUALISME

PRINCIPE & LOIS

DES

# SOCIÉTÉS DÉMOCRATIQUES

par

L.-P. MASSIP

γνωτι σε αυτον

*Intueri naturam et sequi.*

La liberté féconde la justice, et ne la détruit pas.





PARIS
ARMAND LE CHEVALIER, ÉDITEUR
61, RUE RICHELIEU, 61

1873

## AU LECTEUR

Les notes, dont cet ouvrage est accompagné, étant pour la plupart une indication ou une discussion plus approfondie des preuves du texte, une démonstration plus complète du fait dont le texte est lui-même le développement et l'exposition, j'engage le Lecteur, pour ne pas rompre le fil de sa pensée et ne pas fatiguer par surcroît son attention, à ne s'y arrêter qu'après chaque *Livre*, ou tout au plus après chaque *Chapitre*.

# INTRODUCTION

« La société est en poussière : il ne reste que des souvenirs ou des regrets, des utopies ou des folies, des désespoirs ou des craintes. » Ces paroles que prononçait Royer-Collard en 1815, sont encore aussi profondément qu'épouvantablement vraies à soixante ans de distance.

*Impuissance* ou *incapacité*, tels sont en dépit de l'infaillibilité de l'Eglise, autant que de l'absolutisme de la monarchie, tels sont, disons-nous, les derniers termes, où, à travers les, guerres, les conquêtes, les banqueroutes et les famines, ont pu arriver les dynasties et les castes, les gouvernements providentiels, en un mot, qui, pendant douze à quinze cents ans et plus, se sont exclusivement chargés des destinées de la France et de l'Europe (1).

(1) Au sujet des désastres et des ruines, des calamités et des misères de toutes sortes inhérentes au régime théocratique et dès lors à

A qui la faute alors, si nous sommes si loin en France du calme et de la régularité, de l'ordre et de la stabilité, que les mœurs et la pratique de la *justice* et de la *liberté* ont assurés et assurent à d'autres peuples, que la France a pour ainsi dire

la monarchie et aux castes en ce qui touche surtout à la vie économique des peuples, je ne saurais mieux faire, pour en montrer la continuité et l'énormité, que transcrire ici l'opinion d'un juge compétent en pareille matière :

« Le régime de Charles-Quint, dit-il, a surtout été contraire aux progrès de l'économie politique, en ce sens qu'il a détourné violemment l'Europe des voies régulières de la *production*, pour la précipiter dans les hasards de la guerre et dans le vieux système d'*exploitation* engendré par la féodalité. Tout ce que nous avons aujourd'hui de fausses doctrines et de funestes préjugés à combattre, nous le devons à son gouvernement, continué et empiré par son exécrable successeur. La liberté du commerce allait s'établir dans le monde et rallier en une solidarité commune les intérêts du Midi et du Nord : Charles-Quint y substitua les restrictions et les prohibitions.

« Tandis que ses maximes de gouvernement protégeaient en Amérique l'établissement de l'esclavage et des monopoles les plus odieux, elles encourageaient en Europe le despotisme et la paresse, par toutes sortes de moyens. On eut dit qu'il n'y avait à loger en Europe que cinq ou six demi-dieux dans des temples : l'espèce humaine devait s'estimer heureuse de ramper sous le chaume. Ce fut l'époque de toutes les mauvaises pensées, de tous les mauvais systèmes en industrie, en politique, en religion. Nous ne commettons pas aujourd'hui une seule faute, nous n'obéissons pas à un seul préjugé industriel, qui ne nous ait été légué par ce pouvoir malfaisant, assez fort pour convertir en lois ses plus fatales aberrations; et ses funestes doctrines entravent encore, après trois siècles, la marche de la civilisation. »

(BLANQUI, *Hist. de l'économie politique*, *passim* et principal, t. I, chap. XXI.)

Et de plus, ajouterons-nous, quand avec des hommes de la valeur

tenus sur les fonts baptismaux de la vie sociale et politique, qu'elle a en quelque sorte, par son exemple et ses sacrifices, initiés au culte de l'humanité, et qui certes n'avaient pas comme elle dans leur passé ou dans leur tradition, ni le rayonnement de ses gloires, ni l'intensité de ses forces, ni la variété de ses richesses, ni la fécondité de ses ressources, ni son génie, ni sa grandeur.

Qui donc a toujours été à la tête du pouvoir en France, qui donc, toujours exerçant la souveraineté a ainsi, pendant des siècles, disposé sans contrôle comme sans limites, sans responsabilité

des Malesherbe, des Necker, des Turgot surtout, « ce cœur de l'Hospital, et cette tête de Bacon, » lui dont on a dit quelque part, qu'il aurait fait la révolution par *ordonnances*, si ç'eut été possible, si surtout il eut été secondé et soutenu....., quand avec les connaissances pratiques et les lumières expérimentales de tous genres et de tous ordres, que les progrès de l'esprit humain à la fin du XVIIIe siècle, avaient accumulées en France, en quelque sorte, autour du gouvernement ; un gouvernement n'a ni l'intelligence de comprendre ces hommes, ni le courage de les soutenir, ni la résolution et l'énergie nécessaires pour entreprendre les réformes qu'ils proposent, les mener à bonne fin et défendre les uns et les autres, hommes et principes, réformes et réformateurs, envers et contre toutes résistances occultes, envers et contre toutes sourdes menées des factions et des castes,

..... Peut-on moins faire, prenant acte de cette impuissance et de cette incapacité, de cette ineptie et de cette faiblesse, que déclarer, comme le fit la Révolution, ce gouvernement déchu et coupable à la fois, par duplicité et par imprévoyance.

comme sans entraves, de ses inépuisables ressources et de ses invincibles phalanges, pour en arriver à chaque période séculaire, en quelque sorte à l'effondrement et à la ruine d'une nation de trente-six millions d'âmes, qui, à chacune de ces périodes d'épuisement et d'affaissement dût, pour se régénérer et se refaire, se retremper elle-même aux sources vives et profondes, inépuisables autant qu'inaltérables des masses sociales ; qui donc, les théocrates ou les démocrates ?

Et aujourd'hui, après ce sillage si lumineux et si profond, qu'ont laissé dans son histoire des génies ou des hommes de la trempe des Etienne Marcel et des l'Hospital, des Sully et des Colbert, des Turgot et des Malhesherbes, des Descartes et des Calvin, des Montesquieu et des Voltaire, des Jean-Jacques et des Condorcet, après les éblouissantes clartés du XVIII^e siècle et les formidables éclairs de la période révolutionnaire, la France en est encore à chercher son sillon et son axe, son foyer et son pôle....

Et n'est-ce pas le comble de la démence ou de l'orgueil que ceux qui, avec des gouvernements dynastiques de leur choix et de leur prédilection, de leur convenance et de leur dévotion, n'ont éussi qu'à précipiter la France dans une série de révolutions toutes plus terribles et plus calamiteuses les unes que les autres, aient encore la prétention d'écarter ou d'exclure du gouvernement républicain qu'ils repoussent et réprouvent, qu'ils condamnent et qu'ils outragent, non-seulement les républicains eux-mêmes comme impuissants et incapables, mais les maximes et les règles de gouvernement, que ces génies de divers ordres, que nous venons de rappeler, leur apportaient dans le passé et qui, heureusement pour la France, sont restées comme un phare au milieu des ténèbres et des écueils dont est semé le monde théocratique et dynastique.

Qui donc encore alors donnait le ton et l'impulsion au gouvernement, les monarchistes ou les républicains ? Qui donc enseignait et pratiquait *ses* doctrines et *sa* morale sous le patronage officiel et infaillible, et sous la protection orthodoxe et exclusive de l'Etat : les prêtres ou les philosophes ? Qui donc enfin, dans le cours ordinaire des choses et dans les temps calmes et normaux de la vie nationale, a toujours et exclusivement dirigé, géré et administré les affaires de l'Etat en France ; est-ce la théocratie ou la démocratie ?

La réponse est consignée dans l'histoire ; nous n'avons pas même à la rappeler ici ; car les dettes et les ruines, que le trône et l'autel, sous l'inspiration de la théocratie, ont à chaque âge léguées à la nation et accumulées sur sa tête, sont des titres indélébiles et ineffaçables, que la haute sagesse et la supérieure intelligence de ces directeurs temporels et spirituels des sociétés humaines, se sont chargé de buriner elles-mêmes sur les pages de ce martyrologe. Les cendres pas plus que les larmes des générations éteintes ne peuvent pas plus les cacher aux générations présentes, que les faire oublier aux générations à venir, quand même le travail et l'épargne des unes et des autres, ne seraient d'avance escomptés pour en couvrir le déficit. Les pouvoirs dynastiques en France n'ont su faire que des dettes (1) et des ruines que la République a toujours dû payer ou relever.

(1) La législation monétaire d'avant la Révolution est tout à la fois, je ne crains pas de le dire, un fatras indigeste et un abîme d'iniquités, une insulte au bon sens et un attentat systématique à la propriété ; les personnes qui y cherchent des arguments, des autorités ou des dispositions applicables à notre temps, agissent à peu près comme celles qui, ayant à perfectionner le Code d'instruction criminelle, iraient puiser dans les règlements qui ordonnent la torture des accusés ; ou qui, se proposant de réformer les imperfections de notre législation fiscale, copieraient le Code odieux de l'infernale gabelle.

La fausse monnaie a été, sous l'ancien régime, comme une peste qui a ses intermittences, et qui, alors même qu'elle ne sévit pas avec emportement, ne cesse pas de faire des ravages.

L'autorité intervenait par les menaces, par l'espionnage, par la

Que faire alors à cette heure de crises et d'épouvantes, au sein de ces erreurs et de ces ombres, au sein de ces ruines et de ces misères des âges écoulés, à travers ces préjugés et ces équivoques de l'ignorance et de l'esprit de parti, entre ces faussetés et ces aberrations du fanatisme ou de l'éducation, au milieu de ce fétichisme ou de cet engouement de la superstition théocratique ou dynastique du servilisme plébiscitaire des uns, ou du cosmopolitisme humanitaire des autres... Où jeter l'ancre de notre malheureuse patrie, toujours

violence sous toutes les formes, pour faire respecter ses ordonnances insensées.

Non-seulement les changeurs et les orfèvres, les receveurs et les courtiers, mais aussi tous les bourgeois, hôteliers, gros marchands et marchands forains, devaient *prêter serment sur les évangiles*, qu'ils observeraient les édits dans leurs transactions, et les feraient observer de toutes les personnes placées sous leur dépendance..... Un mandement de septembre 1361, contient ces paroles : « *Gardez si chers comme avez vos honneurs qu'ils* (les changeurs) *ne sachent la* LOI. »

— Ainsi, dans ce doux temps de loyauté chevaleresque et de foi chrétienne, les ministres de cette religion de paix et d'amour sanctionnaient ces spoliations de la fortune publique, ces attentats à la propriété..... N'y avaient-ils pas leur bonne part, comme leurs bons compères du trône ou du manoir !...— (M. Michel Chevalier : *De la baisse de l'or. Revue des Deux-Mondes* du 15 octobre 1857).

« Sous le seul règne du roi Jean, 56 ordonnances ont été rendues sur les monnaies royales et seigneuriales, et plus de 10 sur les Juifs et les marchands italiens.» — (BLANQUI, *Histoire de l'économie politique.*)

encore ballotée par de si impétueuses tourmentes, par de si terribles raffales, qu'elles soient parties du haut du ciel théocratique ou sorties des profondeurs de l'abîme plébiscitaire...!

Il semble pourtant que le système théocratique et dynastique suivant lequel la France a été pendant mille à douze cents ans administrée, la conduisant en 1789 à la banqueroute et à la famine, et depuis lors le même système, corrigé et amendé par le parlementarisme, la conduisant de nouveau après quatre-vingts ans d'expériences et de luttes, à une nouvelle banqueroute et à la misère, en grevant sa fortune de vingt milliards de dettes ; il semble, dis-je, que ce système devrait être à jamais condamné et jugé par une si longue et si concluante expérience, et enfin à jamais écarté.

Pour les uns comme pour les autres, en effet, la patrie fut toujours une proie, le gouvernement un métier, la liberté un trafic. Ils peuvent se battre pour se les partager, mais on peut être sûr qu'ils se ligueront toujours contre ceux qui ne veulent et n'ont jamais voulu laisser croire qu'il faille asservir l'une ou outrager l'autre pour se vouer à la défense ou au service de la chose publique.

Trafiquant entre eux et avec un gouvernement quel qu'il soit, des droits et de la souveraineté de leur pays, à condition de jouir impunément eux-mêmes du pouvoir de l'asservir en prétendant le gouverner, et du pouvoir de le rançonner et de s'enrichir eux-mêmes en prétendant diriger ou gérer la fortune publique, tels sont, tels ont été la règle et le principe de la plupart de ces protecteurs providentiels, dynastiques, oligarchiques ou parlementaires, du droit divin ou du droit plébiscitaire.

Aussi, « à mesure que l'instruction descend dans les classes inférieures, celles-ci découvrent la plaie secrète qui ronge l'ordre social depuis le commencement du monde, plaie qui est la cause de tous les malaises, de toutes les agitations populaires. La trop grande inégalité des conditions et des fortunes a pu se supporter tant qu'elle a été cachée, d'un côté par l'ignorance, de l'autre par l'organisation factice de la cité; mais aussitôt que cette inégalité est généralement aperçue, le coup mortel est porté.

« Recomposez donc, si vous le pouvez, les fictions aristocratiques, essayez de persuader au pauvre, quand il saura lire, au pauvre auquel la parole est portée chaque jour par la presse de ville en ville, de village en village, essayez de persuader à ce pauvre, possédant la même lumière, la même intelligence que vous, qu'il doit se soumettre à toutes les privations, tandis que tel homme, son voisin a, sans travail, mille fois le superflu de la vie, vos efforts seront inutiles.

« Lorsque les chrétiens brisèrent les dieux de l'Egypte, ils virent s'échapper des rats de la tête des idoles. Tout s'en va. Il ne sort pas un enfant des entrailles de sa mère qui ne soit, aujourd'hui, un ennemi de la vieille société (1). »

Aussi la France, comme chacun de nous en France, veulent aujourd'hui individuellement et socialement s'appartenir tout entier, soit comme citoyen, soit comme nation ; et, c'est pour cela et à cause de cela, que nous sommes aussi loin du *Socialisme* que du *Catholicisme*, du droit plébiscitaire que du droit divin, qui ne sont l'un et l'autre que la négation de la conscience individuelle, source et principe de *la Souveraineté*, l'abdication de toute liberté individuelle ; celui-ci aux mains de *l'Eglise* au nom de la Providence divine, celui-là aux mains de *l'Etat* au nom de la Providence dynastique. Voilà pourquoi nous repoussons et réprouvons ces deux systèmes, du reste dérivés l'un de l'autre et que nous les condamnons également

(1) Châteaubriand.

l'un et l'autre, comme attentatoires à la dignité et à la virtualité humaines.

Nous ne voulons donc pas plus d'une classe souveraine, si nombreuse fût-elle, que d'un prince souverain, si juste pût-il être. Notre souveraineté n'est qu'en nous et par nous; en la justice et en la conscience, en la nation et par la République.

Il nous faudra donc, en essayant de tout dire et de tout mettre en relief, sans être ni diffus ni transcendant, pour que chacun dans cette immense évolution d'au moins dix-huit siècles, puisse enfin équitablement et invinciblement faire soi-même la part irrémissible de la vérité, et celle irrémissible aussi de l'erreur, il nous faudra, disons nous, dans ce dédale immense et au sein de ce non moins immense et non moins profondément ténébreux labyrinthe, dissiper et combattre cette armée d'erreurs et de sophismes, redresser ou démasquer ces préjugés et ces équivoques, pour dégager enfin de l'irrégularité même des faits ou des incidents, du tumulte ou du choc des révolutions et des luttes de tous les âges, la régularité et l'inflexibilité de la *Loi*, l'immuabilité et l'immanence des principes sociaux, qu'il importe enfin d'élucider et de vulgariser surtout, au sein de ce cahos d'idées et de faits, de ruines et de décombres, comme l'humanité n'en n'eut jamais, peut-être, sous ses pas !

Nous nous efforcerons, (et combien grande est notre tâche, combien immense notre œuvre, même avec un champ quelque peu préparé à en recevoir la semence !) nous nous efforcerons de porter la lumière dans cet affreux amas aussi informe que hideux de raisons d'Etat, de prétextes ou de convenances politiques, dont la mobilité et la diversité n'ont d'égales peut-être que la perversité et l'iniquité ; bagage dont se compose la tradition gouvernementale du droit divin, et derrière lesquels se retranchent tour à tour depuis un demi-siècle surtout, à défaut de principes, le dogmatisme de l'esprit de parti et dans chaque parti l'ambition et l'égoïsme de telle caste ou de telle dynastie. Comme si la transformation d'erreurs en principes et de sophismes en conséquences changeait rien à la fausseté radicale d'une première hypothèse ou fictive ou gratuite, et palliait jamais les exécrables effets d'une logique de crimes et de scélératesses ou d'une série de spoliations et de dilapidations commis et perpétrés sous la fiction gouvernementale d'une responsabilité illusoire, plébiscitaire ou providentielle, ou sous le couvert des préjugés et des iniquités d'un régime oligarchique ou parlementaire, où l'on n'a jamais pu avoir, sous une législation censitaire ou protectionniste, que la liberté du monopole financier et religieux, industriel et politique : spoliation ou castration juridiques de la fortune et de l'intelligence publiques au profit exclusif de quelques-uns, castes ou dynasties, et au détriment de tous.

Ainsi, au point où la raison publique et la conscience individuelle ou sociale se trouvent aujourd'hui en France par le progrès naturel des âges et le perfectionnement général de la société et de l'individu, autant que par la marche ascendante de la civilisation et l'intensité des lumières dans chacune des branches de l'activité et de l'intelligence humaines, dans les sciences comme dans l'industrie, dans le commerce comme dans les arts, en politique comme en économie, on voit qu'il est à jamais impossible, même comme *point de fait*, que nous soyons encore gouvernés :

Ni par la théocratie et les prêtres au nom de la religion.

Ni par la multocratie (1) et le césarisme au nom d'une dynastie plébiscitaire.

(1) Faut-il dire *multocratie* ou *plébocratie?* Je laisse juge le lecteur.

Ni par l'oligarchie et une classe au nom du parlementarisme censitaire.

Ni par l'aristocratie et les nobles au nom d'une caste héréditaire.

Ni par la monarchie et un roi au nom d'une dynastie providentielle.

Toutes formes de gouvernement qui ne représentent et n'ont jamais représenté que la chose ou l'intérêt absolu et exclusif de quelques-uns, d'une partie quelconque de la nation, dogmatique, dynastique ou numérique, au préjudice et à l'exclusion d'une autre partie, de l'intérêt public et commun ; une souveraineté dogmatique, dynastique ou numérique, sous le nom de théocratie ou de droit divin et sous la forme monarchique, au lieu d'être et de représenter la souveraineté, la puissance virtuelle et juridique de la nation elle-même sous le nom de démocratie ou de droit social et sous la forme républicaine.

De plus ajouterons-nous pour montrer encore plus le vide et le néant l'impuissance et l'incapacité, l'instabilité et le trouble de chacun de ces systèmes théocratiques, autant que l'affaissement et l'épuisement de chacune de ces classes dynastiques ou censitaires depuis 1789 surtout ; chacune d'elles en escaladant le pouvoir qu'elle arrachait à la nation (on sait comment), a dû, quand il a fallu qu'elle en arrive à la pratique gouvernementale, renier ou répudier, ou du moins délaisser ou éloigner la règle et les maximes du système auquel elles se rattachaient et dont elles prétendaient relever pour, après avoir bénéficié elles-mêmes des diverses aspirations ou des diverses tendances, des diverses efflorescences des principes qui tour à tour émergent de la démocratie, tâcher de les utiliser à leur seul profit pour, si peu même que ce fut, se maintenir au pouvoir dans une certaine stabilité.

Sujets d'un roi et d'une foi héréditaire et ne prétendant relever que de la souveraineté dynastique et de la théocratie, ils n'en ont pas moins, depuis et pendant quatre-vingts ans, légiféré au nom de la souveraineté nationale... Serait-ce qu'il est plus facile d'usurper et de fausser celle-ci que celle-là ? On a dans tous les cas, dans ce fait, la mesure de leur moralité.

Aux causes occasionnelles et contingentes que notre âge offre actuellement pour l'établissement de la République en France, causes pour ainsi dire négatives et externes et qui sont entre autres, la division des partisans de la théocratie en quatre fractions : les cléricaux, les légitimistes, les orléanistes et les bonapartistes, il y a en outre, avant tout et surtout, les causes logiques et didactiques tirées de la nature même de la République, les causes positives et internes tirées de la supériorité et de l'excellence, de la simplicité virtuelle *sui generis* du principe républicain sur tout autre principe de gouvernement. Nos adversaires sont tout aussi intimement convaincus que nous-mêmes de la vérité et de l'irrésistibilité, de la nécessité expérimentale et logique, virtuelle et occasionnelle du régime républicain, mais, oublieux du passé et de ses enseignements, méprisant ses expériences et ses leçons, confondant dans leur aveuglement et leur haine, dans leur froid et sec égoïsme, « les idés révolutionnaires des *temps* avec les idées révolutionnaires des *hommes*, la *lente* conspiration des âges avec les *hâtives* conspirations des intérêts et des systêmes (1); » ils espèrent, les insensés, violentant leur patriotisme et leurs lumières, avoir raison de cette immense gestation des siècles, lestée aujourd'hui par tout ce que la France compte d'intelligence et de bras, de jeunesse et de maturité dans les sciences comme dans le travail manuel.

Et pourtant, ils devraient ne pas oublier que « lorsqu'une réforme est devenue nécessaire et que

(1) Châteaubriand, Congrès de Vérone.

le moment de l'accomplir est arrivé, rien ne l'empêche, au contraire, tout la sert. Si les hommes savaient alors s'entendre, si les uns cédaient ce qu'ils ont de trop, si les autres se contentaient de ce qui leur manque, les révolutions se feraient ainsi à l'amiable, et l'historien n'aurait à rappeler ni excès ni malheurs ; il n'aurait qu'à montrer l'humanité rendue plus sage, plus libre, plus fortunée. Mais jusqu'ici les annales des peuples n'offrent aucun exemple de cette prudence dans les sacrifices. Ceux qui devraient les faire les refusent, ceux qui les désirent les imposent, et le bien s'opère comme le mal par le moyen et avec la violence de l'usurpation. Il n'y a guère eu encore d'autre souverain que la force (1). »

Eh bien, alors, peut-on ne pas déclarer responsables des crimes d'une révolution quelle qu'elle soit, non pas ceux qui l'accomplissent, mais bien ceux qui la provoquent !

(1) M. Mignet. *Hist. de la Révolution*, introd. — N'est-ce pas là le fond de la pensée qui a inspiré l'illustre homme d'État dans l'œuvre de régénération de notre patrie, qu'il avait entreprise par la paix sociale.... Votre sincère patriotisme, M. Thiers, éclairé par votre longue expérience des hommes et des choses soutenue elle-même, il semble, par l'expérience d'une vieille et patriotique amitié, s'est brisé contre l'aveuglement et l'égoïsme des hommes du passé... Fasse le ciel que, comme à l'époque à laquelle il est fait allusion, nous ne roulions pas maintenant vers des crises aussi épouvantables!..... (Juillet 1873.)

Aussi, comme l'a dit Jean-Jacques (1) : « Tant qu'un peuple est contraint d'obéir et qu'il obéit, il fait bien ; mais sitôt qu'il peut secouer le joug et qu'il le secoue, il fait encore mieux ; car, recouvrant sa liberté par le même droit qui la lui a ravie, ou il est fondé à la reprendre, ou l'on ne l'était point à la lui ôter. »

Nous ne pouvons donc plus aujourd'hui, en *fait* comme en *droit*, virtuellement et juridiquement, par le progrès comme par la logique, espérer que dans et en la République, au nom même de la justice et de la liberté, parce que là, et là seulement, se trouvent, pour chacun et pour tous, pour l'individu comme pour la société, la sécurité et la garantie effectives et réelles, la manifestation et l'application positives et pratiques de la *souveraineté-humaine* par le *suffrage-universel.*

Expression du fait initial et immanent de l'*individualité humaine*, au sein de laquelle se trouve le principe même de l'*inviolabilité* de ladite individualité ; principe initial et final elle-même alors, la souveraineté est ainsi l'*âme* même des sociétés humaines : à elle et à elle seule donc toute prépondé-

(1) *Contrat social.*

rance et tout pouvoir, dans le corps social comme dans le corps individuel.

Ce fait de l'INVIOLABILITÉ HUMAINE, en quoi surtout se résume et où aboutit en dernière analyse ce qu'on appelle dans l'histoire *les principes de* 89 (1), nous en faisons à notre tour, sous le nom

(1) Cette pensée qui, dans l'esprit du plus grand nombre des lecteurs, doit contraster si vivement avec les tableaux fantaisistes que l'on nous étale si complaisamment tous les jours, des *crimes et des excès révolutionnaires*..... peut, tout d'abord, paraître un paradoxe..... — Eh bien, nous l'affirmons hautement ici encore, ce principe de l'inviolabilité humaine, fruit de l'expérience des âges écoulés et des progrès de chaque période de la civilisation, douloureuse et amère émergence des luttes démocratiques sous nos rois, est pour ainsi dire sorti des entrailles même de la nation, dès l'aube révolutionnaire ; ça été comme le premier *vagissement* du peuple dès qu'il a pu, par le droit de parler, réclamer lui-même son *droit de vivre* que lui avait, pendant tant de siècles, disputé le pouvoir dynastique et théocratique.

Et, s'il devint lui-même infidèle à ce principe, ce ne fut que lorsque, infidèles eux-mêmes et les *premiers*, à leur promesse de réformes, qu'ils éludaient tous les jours, à leur serment à la patrie, qu'ils avaient juré de défendre et contre laquelle ils conspiraient à toute heure, aux lois qu'ils avaient votées et qu'ils cherchaient à évincer et à fausser, à tout instant ; les privilégiés dans leurs perfides et occultes attaques, autant que dans leur refus et leur obstination à exécuter ces lois, opposèrent eux-mêmes une résistance aussi inique qu'aveugle, à laquelle le peuple dut alors lui-même, pour sauvegarder le dépôt que la nation lui avait confié, proportionner ses efforts de défense ou d'attaque au dehors et au dedans.

Cette pensée donc, que la Révolution ne fit la guerre que contrainte et forcée et par droit de légitime défense et de conservation sociale ou personnelle, autant à l'intérieur qu'à l'extérieur, est aujourd'hui hors de doute et hors page en quelque sorte.

Et pour quiconque a tant soit peu suivi le développement de l'idée révolutionnaire depuis 1789 jusqu'en 1794, ne fût-ce même que dans

d'INDIVIDUALISME (1), la base des sociétés modernes, le principe de leur organisation et de leur fonctionnement, la source de la souveraineté alors au sein de ces sociétés sous la forme républicaine.

Cause initiale et finale, immanente et irréductible, sensible et virtuelle, autant qu'insaisissable et indestructible, l'individualisme pour le corps social est comme l'âme elle-même pour le corps individuel. La réalité et l'activité, l'objectivité et la subjectivité de l'un, l'attachent et le lient physiologiquement au corps social, à la société, aussi invinciblement, aussi indissolublement, que la réalité et l'activité, l'objectivité et la subjectivité de l'autre, au corps individuel à l'homme, sans que ni l'homme ni la

le seul texte de nos diverses constitutions, dans les divers rapports du comité de salut public même, quand la constitution fut suspendue, ce fait est d'une évidence aussi incontestée qu'incontestable.

Le cadre que je me suis imposé pour cet ouvrage et les limites dans lesquelles je me suis strictement renfermé et que je n'ai voulu ni franchir, ni étendre en aucun sens, font que j'en ai retranché un appendice « sur la guerre, suivant la conception révolutionnaire, » où cette question se trouve discutée dans tous ses détails, et, j'ose le dire, entièrement élucidée par les textes même. Ce que j'affirme est donc entièrement fondé et prouvé, et je l'affirme comme un principe à la fois expérimentalement et spéculativement démontré.

(1) Le sens effectif et pratique que nous attachons à ce terme et l'idée historique et didactique que ce mot représente et que nous lui attribuons sont l'*antithèse* même de l'idée et du sens historiques et pratiques du catholicisme. Voir, à ce sujet, cet ouvrage: *Passim* et principalement: livre I, corrollaire, p. 40, note (1); livre III, p. 99).

société puissent jamais pourtant espérer connaître ni les origines, ni les fins de l'un ou de l'autre.

Si donc, l'indivividualisme est le principe de la vie sociale, la souveraineté en est l'âme; et alors comme ce principe de l'individualisme n'est et ne saurait être, sous nulle autre forme de gouvernement, intégralement conservé dans sa nature et dans ses fins, que sous la forme républicaine, il s'en suit que la République seule peut nous donner la souveraineté dans toute sa virginité, comme dans toute sa force, dans toutes ses variétés, comme dans toute son unité.

Il en est, du reste, encore de l'*individualisme* au sein de l'humanité, comme de l'*atôme* au sein de l'univers, de la souveraineté comme de la pesanteur; leur centre, puisque partout se trouve *un* être, est partout, leur circonférence nulle part, puisque nulle part ne se trouve *isolément* UN être.

Ces faits, comme nous venons de le dire, et on ne saurait trop le répéter, ces faits sont les conséquences de cet immense effort que la France fit sur elle même en 1789, quand, se réveillant à cette heure suprême de douleurs et de joies immenses autant qu'indicibles, elle se préparait à l'enfantement du nouvel ordre de choses connu sous le nom de *Révolution-française*.

L'homme rentrait enfin en possession de lui-même et de sa souveraineté, de sa liberté et de sa dignité. En même temps, alors, en possession d'elle-même et de son gouvernement, la France donnait à l'humanité et promulguait pour elle de nouvelles *tables de la loi,* en formulant les *droits de l'homme.*

La personnalité humaine se relevait enfin en face de la personnalité divine, sous l'écrasement de laquelle elle vivait à peine, depuis deux mille ans ; et comme Descartes, qui, pour attester le fait de l'existence par le fait même de la conscience, s'était dit : « *Je pense, donc je suis.* » L'homme put désormais, grâce à la Révolution française, se dire pour attester sa liberté par le fait même de son existence : « *J'existe, donc je suis libre.* »

Nous ne saurions, hélas, en ces temps d'équivoque et de casuistique, où à force de distinction et de subtilités de toutes sortes, à force de restrictions mentales, les vérités les plus solides s'en vont ou se dissipent comme en fumée ou en sels volatils, nous ne saurions disons-nous trop insister sur le sens virtuel et absolu qu'a génériquement en quelque sorte ce principe essentiel et fondamental de la *liberté de conscience.*

Aussi ajouterons-nous, si Descartes et la Révolution ont si hautement et si vigoureusement revendiqué, celui-là la liberté de la conscience individuelle de l'homme, celle-ci la liberté de la conscience sociale de la France, l'une comme base de tout entendement social, l'autre comme base de tout entendement métaphysique ; ce n'est certes pas, qu'on l'entende bien, pour abdiquer, la nation sa souveraineté aux mains d'une assemblée ou d'une dynastie, le citoyen sa volonté aux mains d'une caste ou d'un homme ; mais bien au contraire l'un et l'autre pour rentrer et rester à jamais en possession à la fois de leur souveraineté et de leur volonté en gardant libre et affranchie de tous liens leur conscience respective pour ne les soumettre qu'à la *Justice*, c'est-à-dire à eux-mêmes, à la justice, dont la source et la fin sont et résident dans l'individualité humaine et ne résident que là.

Notre conscience n'est ni à Rome ni à Genève, ni à Jérusalem ni à la Mecque, ni ailleurs ; elle est en nous et en nous seuls, voilà pourquoi elle est *une* et *humaine* et pourquoi elle doit rester individuellement en chacun de nous pour rester *socialement française*.

La *liberté de conscience*, consiste donc pour un homme comme pour un peuple, à ne remettre à qui que ce soit comme directeur spirituel ou temporel sous le nom de Prêtre ou de Roi, le soin de sa propre destinée, car la conscience n'est plus libre, lorsqu'elle est enchaînée aux pieds d'un trône ou aux pieds d'un autel : « Vous pouvez donc tout livrer, ô peuples, oui tout, pourvu que vous n'abdiquiez pas la liberté de penser. » (1)

Un peuple comme un individu en effet, ne s'appartiennent plus alors ; ils abdiquent leur souveraineté et leur dignité ; ils tombent même au-dessous de la brute, qui elle du moins, si elle subit un joug ne le subit jamais volontairement. Un peuple comme un individu sortent alors de la Justice et d'eux-mêmes, quand ils se placent ainsi volontairement l'un ou l'autre sous la dépendance d'une Eglise ou d'une théocratie, en suivant la direction d'un roi ou d'un prêtre. Car là où il n'y a plus d'activité individuelle, il n'y a plus de responsabilité ; et, où il n'y a plus de responsabilité, il n'y a plus de moralité. Tel est hélas le fangeux spectacle auquel nous avons assisté pendant ces vingt dernières années surtout, en dépit même de l'immense et vigoureux redressement, que la Révolution française avait il y a un demi-siècle à peine, imprimé à la conscience individuelle et sociale de notre malheureuse patrie.

Aussi, si depuis cette ère initiatrice et révéla-

(1) Fichte, Considérations sur la Révolution française.

trice, nous avions tous, gouvernements ou partis, été assez heureux ou assez sages pour comprendre que ces précieuses conquêtes dont la Révolution nous a dotés, renfermaient complètement à elles seules en leur sein, l'embryogénie et le germe de tout progrès mental et physique, de toute amélioration individuelle ou collective de tout perfectionnement économique et politique, la règle suprême de tout rapport et de tout équilibre social, nous les aurions elles seules cultivées et fécondées, elles seules étendues et développées, elles seules sincèrement appliquées et perfectionnées avec le seul instrument apte à cette œuvre : *la justice.*

Et, au lieu, alors, soit par désespoir du côté de la nation, soit par aveugle résistance du côté des gouvernements, au lieu de nous jeter aventureusement à la poursuite de folles et décevantes chimères, de nouvelles et énivrantes atlantides (1), qui nous ont toujours fait lâcher la proie pour l'ombre, nous aurions purement et simplement, mais efficacement et invinciblement, utilisé et approprié ce que nos glorieux ancêtres nous avaient

(1) Il ne faut pourtant pas oublier que ces erreurs et ses divagations de la *science* politique ont surtout été amenées par les résistances aveugles et les réactions insensées des partis contraires, ligués contre le développement naturel des principes de 89.

légué au prix de tant d'efforts et de tant de sacrifices, au prix de tant de sang et de tant de larmes; et où se trouvent, pour me servir d'une expression biblique en ces pages *profanes*, sous le nom d'*individualisme*, « *toute la loi et les prophètes* » de l'évangile républicain (1).

Nous ne pouvons, hélas, en songeant à cet exclusivisme farouche, à cette intolérance aveugle, à cette haine sauvage dont se sont toujours montré animés, en France surtout, tous les gouvernements dynastiques contre tout ce qui prétend relever de la Révolution, nous ne pouvons disons-nous, mieux faire pour peindre nos angoisses et exprimer nos douleurs à ce sujet, en nous associant à cette fine pensée de M. Renan (2), que leur dire avec lui : « l'humanité dispose-t-elle donc de tant de forces « contre le vice et la bassesse, qu'il soit permis à cha- « que école de vertu (à chaque gouvernement), de

(1) Ah ! que l'éducation du genre humain est laborieuse et pleine de douleurs ! La Grèce souffre longtemps et meurt de l'enfantement des idées qui devaient civiliser le monde; et pour faire pénétrer dans les faits et dans la vie les principales conquêtes de la sagesse hellénique, Rome subit et endure le long supplice de l'Empire; tandis que Jérusalem, expirant dans le sang de ses derniers défenseurs, livre aux Gentils la sainte tradition qui doit s'unir à la science grecque et au droit romain, pour faire naître ou préparer une civilisation nouvelle. — (J. DENIS, *Hist. des théories et des idées morales dans l'antiquité*, t. II, p. 217.)

(2) *Les Apôtres.*

« repousser l'aide des autres et de soutenir qu'elle
« seule à le droit d'être courageuse, fière et rési-
« gnée ? »

Aussi, nous le disons bien hautement et nous ne saurions trop le répéter, car une science ne fait de véritables progrès, que lorsqu'on en est arrivé, soit à déterminer exactement le champ où peuvent s'étendre ses recherches et ses applications, soit à fixer son point de départ et ses bases, son principe et ses fins,

Si, ce que nous venons de mettre en lumière et dont les pages qu'on va lire ne sont que la démonstration expérimentale et pratique, est, si nous osons dire, la vérité, l'*inconnue*, qui se dégage de l'équation révolutionnaire, la raison tout entière de cet âge...; avec la consécration sociale et les garanties constitutives et pratiques du principe de l'*individualisme* (inviolabilité de l'individualité humaine) nous n'avons plus rien à conquérir, nous sommes assez riches, assez puissants, assez libres en France... nous n'avons plus qu'à édifier et à ordonnancer, à classer et à organiser, à tirer enfin tout le profit possible, social et économique, individuel et domestique, pour la famille et la propriété, pour le citoyen et la nation, de ce principe salutaire et vital, que la Révolution et les progrès antérieurs nous ont si péniblement assuré et que nous n'avons su les uns ou les autres, gouvernements ou partis, par intolérance ou par haine, que gaspiller sans honneur ni profit.

« Gouverner le plus économiquement et dès « lors le *moins* possible, de manière à ce que « défalcation faite de l'impôt strictement réduit à « la rémunération des services sociaux absolument « nécessaires au fonctionnement social (justice, édu- « cation, hygiène, impôt), il reste aux mains des « producteurs — *capitalistes* ou *travailleurs*, — le « plus d'épargnes possible, pour que chacun accrois- « sant indéfiniment sa fortune privée par ses épar- « gnes accumulées, trouve dans cet accroissement à « la fois la source inépuisable de son bien-être et la « forteresse inexpugnable de sa souveraineté. » Car on n'est *libre* que lorsqu'on est *fort*, et l'on n'est fort que par l'intelligence ou la fortune, et que l'on a ainsi à sa disposition un capital de science ou un capital de richesses (1).

(1) « Gagne de l'argent, mon fils, honnêtement..., mais gagne de l'argent, » disent les Américains; or, pour gagner *honnêtement* et dignement de l'argent, ajouterons-nous, il ne faut pas, comme dans nos sociétés théocratiques, que les voies et moyens de travail soient toutes ouvertes pour les uns et toutes fermées pour les autres. Il faut, comme en Amérique, que chaque citoyen jouisse de toutes ses libertés, et, par dessus tout, de la liberté d'association, « *science-mère* de toutes libertés, » ainsi que l'appelle M. de Tocqueville.

Or, ainsi que l'a si bien dit M. Cousin (1) « La « Révolution française a fait de la France un im- « mense atelier, où chacun, sans aucun joug sur « sa tête, travaillant librement selon ses forces et « ses besoins, met aujourd'hui sa fierté à ne rien « devoir qu'à soi-même. » Et c'est surtout dans cette obligation subjective en quelque sorte, aussi salutaire que féconde, que git surtout la supériorité et l'excellence du principe et de la loi de l'*individualisme républicain*, qui relève constamment l'homme en le rappelant toujours à sa dignité par son propre travail, sur le principe et la loi du *servilisme chrétien*, qui, au contraire tend toujours à l'abaissement et à l'humiliation de l'homme, en avilissant le travail pour donner un prétexte à la charité, libre et volontaire instinct du cœur que l'Eglise, sous « ce régime protecteur de la misère » (2), impose ensuite comme un devoir à ceux qu'elle a affranchis du travail, devoir qu'elle exploite alors elle-même à son avantage en s'en réservant pour elle et les siens tout le profit matériel ou moral.

Telle est, avec la consécration sociale des conquêtes civiles et politiques que la Révolution nous

(1) *Discours politiques*, introduction.
(2) Wolowski.

a assurées, la formule en laquelle peut se résumer en France, ce fameux « *problème-social* » sujet de tant d'alarmes et de tant d'épouvantes, nouvelle « *loi-agraire* » des temps modernes, absurde épouvantail perfidement inventé par le remords des uns pour terroriser l'ignorante cupidité des autres.

La « question sociale » peut se formuler plus simplement encore; elle se réduit en effet à ceci, qui complète la formule que nous venons de donner ci-dessus.

« Dans la société, les uns multipliant les services « inutiles et improductifs par une administration « décuple de ce qu'elle devrait être, ne vivent ainsi « que du travail d'autrui de plus en plus aggravé « par les charges toujours croissantes du budjet (1);

(1) « Il faut charger la mule pour l'empêcher de ruer, » disait l'archétype du plus sombre et du plus visqueux despotisme dont l'histoire ait gardé le souvenir, Philippe II.

« Je connais les mœurs des villains, disait le conétable de Bourbon aux États de Tours, en 1506 ; si on ne les comprime pas en les surchargeant, bientôt ils deviennent insolents. Si donc vous ôtez entièrement l'impôt des tailles, il est sûr que tout de suite ils se montreront les uns à l'égard des autres comme envers leurs seigneurs : gens rebelles et insupportables. Aussi ne doivent-ils pas *connaître la liberté*. Il ne leur faut que la dépendance. Pour moi, je juge que cette contribution est la plus forte chaîne qui puisse servir à les contenir. »

On voit assez par là qu'en France, si le nom ou la forme ont changé depuis cette époque ou même depuis 1789, l'esprit et les

« — tandis que les autres n'aspirent qu'à vivre de « leur propre travail, devenant de plus en plus ré- « munérateur pour eux à mesure que se réduiront « les charges du budget, l'impôt n'étant alors em- « ployé qu'à la rétribution des services sociaux pro- « ductifs d'utilité publique (1).»

Eh bien, la Révolution française a posé, et, pour la première fois, *résolument posé* le problème ; notre âge à son tour doit le résoudre ; et envers et contre tous il le résoudra non moins *résolument*, nous l'affirmons.

Il le résoudra, parce que ce problème étant une application d'une des lois fondamentales de la société et de l'humanité même, il n'est donné à per-

tendances sont restés les mêmes, de sorte que nous pouvons dire et affirmer, que le principe d'un gouvernement dépend du principe suivant lequel l'impôt est considéré par ce gouvernement et en termes plus généraux que la liberté d'un peuple, est, toutes choses égales, toujours en raison inverse du degré de l'impôt.

(1) « Les travailleurs n'ont pas besoin de subventions et de protections abusives : il suffit qu'on leur laisse une plus forte part des produits de leur travail.... Nous ne consentirons plus à donner le nom de richesse, qu'à la somme du produit national équitablement distribué entre tous ses producteurs. » — (BLANQUI.)

Ce n'est pas assez qu'un pays ait la faculté de produire beaucoup, il faut que l'état social soit tel qu'il engage à le bien distribuer. »

(MALTHUS.)

« L'insuffisance des salaires est la cause la plus générale de l'indigence parmi les individus valides. »

(M. DE RÉMUSAT, ministre de l'intérieur, 1840.)

sonne de faire indéfiniment échec à la nature comme à la force des choses.

De plus, son énoncé seul suffit, nous croyons, pour montrer que la République seule exclusivement à toute monarchie est apte à le résoudre effectivement, parce que la République, « en gouvernant le « *moins*, gouverne aussi le plus *économiquement* « possible, chacun s'y gouvernant soi-même, » par respect pour la dignité comme pour la bourse de chacun, que tous les autres systèmes de gouvernement ont toujours et en tout temps foulées aux pieds.

C'est donc à nous et à nous seuls républicains, (puisque, hélas! il y a encore dans notre malheureux pays des Français assez peu patriotes, assez peu soucieux de leur dignité d'homme et de citoyen pour repousser et réprouver un pareil héritage, pour condamner et combattre de pareilles doctrines), de voir si avec les conquêtes de la Révolution, avec cette haute et puissante solidarité qu'elle créa au sein de notre chère et grande patrie, en nous y faisant tous, au nom même de l'égalité chrétienne, *souverain, législateur et juge*, nous voulons finir comme le bas-empire, ou bien si nous voulons, avec ces glorieuses prémisses de notre souveraineté, achever de fonder avec elles et sur elles l'édifice de justice et de liberté des temps modernes par la République.

.....Il faut des HOMMES !..... Mais hélas, si Saint-Just, dans cette olympiade de 93, a pu se dire « que le monde était vide depuis les Romains, » que dire nous-mêmes après cet immense effondrement de 70 !....

Il nous manque hélas plus que des *hommes* aujourd'hui, il nous manque, depuis vingt ans surtout (*grande ævi spacium !*) ce qui fait les hommes..... des CONVICTIONS !..... et nous n'en n'avons plus !..... ..... « *memoriam quoque perdidissemus si tam in* « *nostra potestate esset oblivisci quam tacêre......* » Puisse seulement les quelques pages qu'on va lire contribuer à relever les uns et à raffermir les autres : Je bornerai là mon ambition.

Sous le coup de ces douloureux et intimes frémissements que nous cause depuis deux ans le naufrage de la patrie, en proie à ces poignantes et indicibles angoisses où nous plongent hélas tous les jours plus profondément encore de nouvelles défaillances, en présence surtout de tant de convictions ou fauchées ou éteintes, à la vue de la liberté tous les jours outragée et proscrite, à la vue de tant et de si puissantes ardeurs aujourd'hui ou tombées ou tremblantes, au souvenir de tant d'antiques gloires et de si fortes vertus dont se composent nos vieilles traditions nationales et démocratiques si lâchement et si perfidement obscurcies ou flétries aujourd'hui...Nous le croyons certainement et nous le disons bien hautement : il reste encore à notre patriotisme même si profondément et si vigoureusement éprouvé et torturé depuis tantôt un siècle, pour nous surtout républicains, quelque chose de mieux à faire qu'à se replier et se retirer tout en soi, et attendre stoïquement des dieux du jour ou d'un César quelconque..... la mort ou l'ostracisme dont nos pieux adversaires ont toujours su couronner leurs triomphes... Il faut agir, il faut nous réveiller!

Car nous voulons, si le succès venait à ne pas couronner nos efforts dans cette lutte suprême du prochain scrutin, qu'on puisse au moins dire de nous ce qui est vrai de nos pères et de tous ceux qui nous ont précédé dans la lutte : ce n'est pas plus le courage que la vertu qui leur ont manqué, c'est la fortune; c'est là encore des soldats vaincus d'une cause invincible dans ses défaites mêmes!..

*Sursum corda!*

L.-P. M.

De J.-C. mai 1873, et de la R.-F. LXXXIV.

# PLAN ET DIVISIONS SOMMAIRES

## PROLÉGOMÈNES

Causes initiales et génératrices de la vie sociale

*SYNTHÈSE ARGUMENTALE*

## LIVRE I

Origine et nature de la société

### COROLLAIRE

**La Civilisation**

## LIVRE II

Source et caractère de la Souveraineté

### COROLLAIRE

**L'Éducation**

## LIVRE III

Fonctionnement de la vie sociale

# PROLÉGOMÈNES

## I

§ 1.— *L'homme tel qu'il est organisé* (1) ne peut *vivre seul. De cette impossibilité, ou plutôt de cette nécessité physiologique, loi fatale et naturelle, découle alors, pour lui, sa dépendance sociale et individuelle, la limitation, dès sa naissance même, à la fois de son* libre-arbitre (2) *et de sa* libre-activité, *de sa liberté mentale et de sa liberté physique, la* péréquation *de son être, en créant pour le maintien et la conservation de son existence physiologique elle-même une réciprocité de rapports et de services, dans la complectivité desquels se trouve la source de ses droits et de ses devoirs individuels et sociaux, physiologiques, économiques et politiques* (3)*; la source de sa puissance et de sa fortune, en un mot de sa* SOUVERAI-

(1) Ceci n'est point précisément œuvre *physiologique*, mais bien œuvre *politique;* œuvre *didactique*, mais de *vulgarisation*.

(2) Voir plus loin, p. 12 et 13.

(3) Au sujet de cette dernière qualification, voir note 1, p. 50.

NETÉ : *d'où la* JUSTICE, *qui est le respect de soi-même et a ainsi elle-même sa source et ses fins dans la nature même de l'être dont elle doit régir l'existence.*

*Mesurant exactement ce qui revient individuellement à chacun, la justice est ainsi la* commune mesure, l'équation *de ce qui revient socialement à tous.*

*La justice étant ainsi le respect, la constatation, la consécration de l'individualité humaine en elle-même et hors d'elle-même,* souveraineté et justice *ne font qu'un ; et toutes deux ont ainsi, dès lors, leur source et leur fin dans la conservation et le respect physiologique et moral de l'individu.*

*Par suite, la* souveraineté nationale, *irradiation de la souveraineté individuelle, est donc et n'est donc que la suprême expression de la justice, la consécration sociale du* droit. *Reconnaissance formelle de l'inviolabilité de la vie individuelle et sociale de l'être dès qu'il existe, la justice est donc une réalité objective et subjective, un* fait *inéluctable et irréductible, et dès lors un principe immanent et essentiel ; c'est la loi même de l'être, c'est* LA LOI (1).

(1) « Ceux qui ont reçu la raison en partage, disaient les stoïciens, sont capables de *droite-raison* ; donc, ils sont capables de loi. Or, tous les hommes possèdent la raison, qui est une dans son principe ; donc tous les hommes sont capables de loi et de la même loi. »

(DENIS, *Hist. des théories et des idées morales dans l'antiquité*, t. I, p. 344.

J'entends le *droit* et le *devoir* dans le sens si profondément haut et large, si profondément *humain* des stoïciens, ce que Zénon appelle *le kathécon*, c'est-à-dire ce qui dérive à la fois de la nature de l'homme et ce que sa raison lui conseille.

(*Id., ibid.*, p. 314.)

§ 2. — *L'état social, la société, est donc un* fait *physiologique, naturel et fatal, et non pas une* conception *volontaire, occasionnelle, surnaturelle et hypothétique. Et comme tout fait, comme tout phénomène de l'univers, cet état repose sur des causes naturelles et physiologiques, et est dès lors régi dans sa formation et ses développements par des lois naturelles et physiologiques semblables à celles des autres faits, à celles des autres êtres. Antérieurs et supérieurs à la société elle-même, puisque la société n'est que la* dérivation *générique, l'application normale de ces principes et de ces lois, ces principes et ces lois de la* vie sociale *sont à la société ce que la cause est à l'effet. Ils sont dès lors et doivent être inviolables et sacrés, comme tout ce qui tient à la vie individuelle elle-même.*

*La* vie sociale, *comme tout autre phénomène, comme tout autre fait de l'univers, doit donc alors avoir, pour sa croissance et ses développements, pour sa formation et sa constitution, pour son évolution et ses progrès, un régime naturel et normal, un mode vrai et libre de gouvernement, conformes l'un et l'autre à ces principes et à ces lois, exclusivement à tout autre régime, à tout autre gouvernement.*

## II

§ 1. — *L'*HOMME *est donc pour nous une formation naturelle de* forces *mentales et physiques que le* travail *utilise et perfectionne, que l'*éducation *développe et accroît,* forces *qui ne trouvent leur complet épanouissement, leur* *entière manifestation, ainsi que nous le verrons plus loin, leur parfait équilibre au sein de la société, que dans la famille et la propriété, par la justice et la liberté.*

*La* SOCIÉTÉ *qui, suivant ces tendances originelles, affinitives et constantes des êtres est elle-même une réunion naturelle d'hommes, a pour but et pour fins l'exploitation et la conservation en commun des forces humaines physiologiques et économiques pour l'accroissement indéfini de la fortune et de la puissance individuelles et collectives de l'homme et de la société, c'est-à-dire pour l'accroissement de la* souveraineté *privée et publique.*

*Le* GOUVERNEMENT *que, dans cette communion d'idées, se donnent les hommes en société, est et ne doit être que le meilleur* mode *de conservation et de garantie, assuré à à ce but et à ces fins par le maintien, le développement et l'application de la* CONSTITUTION, *conjugué harmonique ou* équation suprême *des lois physiologiques, économiques et politiques, coordonnées entre elles de manière à ce que chaque citoyen gagnant sous ladite* Constitution *l'équivalent de ce qu'il perd et plus de forces pour exploiter ce qu'il a, trouve ainsi toujours, pour sa sécurité individuelle, en deçà ou au-delà des frontières, la force sociale à sa disposition, moyennant la prime d'assurance, la cotisation qu'il paie à la société sous le nom d'*impôt *ou de contribution.*

§ 2. — *Dans les diverses* formes *de gouvernement, la* RÉPUBLIQUE *est la seule qui, sous la pondération universelle de la justice, laisse, ainsi que nous le prouverons plus loin aussi, chaque* entité sociale (individu, commune, nation) *équilibrées entre elles, dans leur sphère respective, par la liberté, en pleine et entière possession de leur part attributive et générique de puissance et de fortune mentales et physiques; en un mot, de leur* souveraineté.

*Le* SUFFRAGE UNIVERSEL *est le moyen par lequel s'exerce et se manifeste concurremment la souveraineté de chaque entité dans chacune des sphères, — individuelle, — communale et nationale du fonctionnement de la vie sociale.*

*Il y a donc, au sein d'une* société, *trois entités génériques et spéciales qui ont chacune leur existence et leur vie propre, indépendante et autonome, coordonnées entre elles avec la vie et l'existence de la société elle-même: l'individu — la commune — la nation.*

*Or, chacune de ces entités dérivant elle-même de l'*individualité humaine, *cause initiale et unique de la vie sociale, on voit déjà quelle place et quelle prépondérance doivent être réservées et assurées au droit individuel dans la Constitution. Source et fin de lui-même, autant qu'il est lui-même la source et la fin de la commune et de la nation, l'individu est aussi alors la source et la fin de la société. Rien, dans le fonctionnement du* corps social, *ne doit donc faire obstacle à la souveraineté individuelle, que ce qui est nécessaire à sa conservation et à son développement; et comme sa conservation et son développement sont le but et la fin de la conservation et du développement de la société elle-même, il en résulte que tout, dans la société, doit tendre à assurer cette conservation et ce développement. La souveraineté individuelle est donc la racine et le coëfficient de toute liberté, comme de toute prospérité publiques.*

*Ce qu'on appelle* corps social *est donc, en quelque sorte, une pure conception plastique, qui résulte de la coordination affinitive et de l'agencement harmonique des intérêts complémentaires et communs de l'individu, de la commune et de la nation, eux-mêmes alors principaux organes du corps social.*

*La tête de ce corps est l'*État, *dont l'action est surtout prépondérante dans le fonctionnement* externe *du corps social, c'est-à-dire pour ce qui se rapporte spécialement à sa conservation et à sa défense générales.*

*Dans le nouvel ordre de choses, au sein de la* démocratie, *la péréquation de la souveraineté est appelée à remplacer ce que, dans l'ancien, au sein de la* théocratie, *on désignait sous le nom de:* Division des pouvoirs: *la péréquation de l'être par la justice remplaçant, dans la République, la dépendance de l'être par la religion dans la monarchie.*

---

## *SYNTHÈSE ARGUMENTALE*

*Il existe au sein de l'humanité des principes immuables et des lois immanentes, qui en dehors et à l'enconre de toutes causes occasionnelles et contingentes, régissent les sociétés humaines.*

*Ces principes et ces lois, que l'on a cru jusqu'à nos jours être l'œuvre arbitraire ou volontaire d'un* homme *ou d'une* caste, *et que l'on a fait dériver d'une conception spéculative ou métaphysique de la divinité, sont au contraire l'œuvre expérimentale et pratique de la nature même et dérivent de la réalité interne et physiologique de l'être individuel lui-même, où ils ont à la fois leur source et leur fin.*

*Tel est l'*individualisme *par rapport au* catholicisme, *la* démocratie *par rapport à la* théocratie.

*L'être humain étant lui-même la source immanente, inaltérable et irréductible de ces principes et de ces lois, doit donc être lui-même inviolable et sacré, d'où le principe de l'*inviolabilité humaine.

*La souveraineté individuelle, base et aboutissement suprême de l'humanité, doit donc dans le nouvel ordre de choses au sein de la démocratie remplacer la souveraineté dynastique, base et aboutissement suprême de l'Eglise dans l'ancien ordre de choses.*

*Ces principes et ces lois, ayant leur source et leur fin dans l'être humain, ont donc, comme l'être humain lui-même, ce monument impérissable de la création, toujours existé dans le cours des âges ; et la civilisation, qui n'est que le développement et l'épanouissement individuel et social, mental et physique de l'être, la civilisation, malgré les déviations qu'elle a si souvent éprouvées, a toujours avancé quand elle a marché suivant ces seules tendances, comme elle a toujours été rétrograde ou stationnaire quand elle a suivi les tendances contraires.*

*Il y a donc dans l'immense mouvement des âges deux principales tendances divergentes et contraires entr'elles : l'une dans le sens de ces lois et conforme à ces principes ; l'autre dans un sens opposé et contraire à ces principes.*

*La première est celle de l'*individualisme *et de la démocratie, sous la forme républicaine ; sa caractéristique est la prépondérance et l'inviolabilité de la personnalité et de la souveraineté humaines individuelles et sociales, sous la péréquation de la justice, au profit de l'humanité ; la seconde est celle du catholicisme et de la théocratie, sous la forme monarchique ; sa caractéristique est l'écrasement et la violation de la personnalité et de la souveraineté humaines individuelles et sociales, sous la dépendance de la religion, au profit de l'Eglise.*

*La question posée et préparée par le progrès des âges se résoudra aussi par le progrès des âges : heureux si la pierre que nous apportons à ce somptueux édifice peut le consolider et l'accroître....*

# LIVRE I

## Origine et nature de la Société

### CHAPITRE Ier

§ 1er. — A l'*état barbare* ou nomade, instinctif ou embryogénique, qui dans la vie de l'humanité et en raison même alors du caractère essentiellement transitoire, instable et précaire de cet état, n'est pour ainsi dire que la période d'incubation de l'*état-social* ou civilisé, rationnel ou économique où tend l'humanité; sous toutes les latitudes, comme au sein de toutes les races, dans le simple fait de l'*accouplement des sexes*, et non comme on l'a cru jusqu'à nos jours, dans telle ou telle conception dogmatique ou contractuelle, se trouvent donc les premiers rudiments de l'être social, la cause initiale et génératrice de tout un ordre de choses, qui a ainsi sa source dans un fait physiologique et non dans une conception spéculative, et ses développements dans l'application nécessaire et fatale des lois physiologiques de l'être lui-même, indépendamment de toute cause morale ou volontaire, occasionnelle ou providentielle.

Ici, au sein du monde organique et pensant, comme là au sein du monde inorganique et inerte, on peut donc dire, en synthétisant le problème de la vie et en poussant les investigations et l'analyse jusqu'à leurs plus intimes fondements, jusqu'à leurs dernières et tangibles limites...., que les êtres conscients et libres en *s'accouplant* accomplissent comme les êtres inconscients et inertes la subissent eux en s'agrégeant, la loi fatale de l'attraction universelle, qui régit les mondes et tout ce qu'ils enserrent; ceux-ci par la gravitation et l'attraction; ceux-là par la liberté et l'instinct (1). Sans sa conscience et sa puissance mentale, sans sa *volonté,* l'homme ne serait pas plus libre au sein de l'univers que le grain de sable : sa liberté est donc et n'est donc que dans sa conscience même, source et siége de sa volonté, de sa souveraineté; sa grandeur est dans sa science : *γνωτι σε αυτον*, c'est le commencement et la fin de toute justice comme de toute sagesse.

Le *libre-arbitre* de l'homme est donc, au sein de l'humanité, comme au sein de l'univers, socialement, sinon physiologiquement; mentalement, sinon physiquement absolu, puisque toujours proportionné au développement illimité de son intelligence, l'homme, sachant qu'il ne doit et ne peut compter que sur lui-même, se crée ainsi tour à tour des moyens infinis et infiniment divers d'action individuelle et sociale, qui toujours en rapport avec ses lumières, doublent, triplent, centuplent ou *ennifient* sa puissance organique propre.

(1) Dans cette douce impulsion, qu'il nomme amour et dans laquelle il met tant de spontanéité, l'homme n'en obéit pas moins aux lois de la nature presque aussi aveuglément qu'une plante.

(HERDER, *Philosophie de l'histoire de l'humanité*, t. I, p. 69, traduct. de M. Quinet.)

L'intelligence humaine est donc la cause première, constante et occasionelle de toute activité humaine, individuelle ou sociale; et le degré d'activité chez l'homme juste et libre est donc toujours aussi en raison directe du degré d'intelligence, d'où le principe salutaire et vital, sacré dès lors de l'inviolabilité mentale, complément de celui de l'inviolabilité physique de l'être. De l'accroissement progressif et du développement infini de l'intelligence individuelle découle, on le voit, la loi du progrès de l'esprit humain et celle de la perfectibilité de l'espèce, perfection et progrès qui, comme le perfectionnement et le progrès de la société, ont ainsi leurs sources et leurs causes, dans les principes et les lois physiologiques et économiques de l'être lui-même et non dans telle ou telle conception dogmatique ou métaphysique.

§ 2. — L'union ou le rapprochement des sexes, application fortuite ou consciente, instinctive ou rationnelle à la fois, d'une des grandes lois pour ne pas dire de la loi fondamentale et essentielle de la nature dans l'ordre physiologique, la *génération*, amènent et produisent fatalement la *famille;* de même que la satisfaction ou la recherche des besoins économiques, application fortuite ou consciente, instinctive ou rationnelle à la fois d'une autre des grandes lois pour ne pas dire aussi de la loi fondamentale et essentielle de l'humanité dans l'ordre économique, le *travail*, amènent et produisent fatalement la *propriété*.

De là la sanctification, la juridification, la consécration publique de cet acte solennel et primordial, qu'on appelle le *mariage;* de là la symbolisation, la mythification chez tous les peuples, du mariage, qui est comme le premier anneau de la civilisation, la première assise de l'humanité, le premier embryon de la société, la première *juridiction sociale* du *couple humain* (1).

Mais ce qui est vrai pour *un* couple est également vrai pour un *autre* ou pour *plusieurs* en même temps. De là simillairement une seconde ou plusieurs *familles*, une seconde ou plusieurs *propriétés*. Et alors, instinct ou besoin, intérêt ou nécessité, crainte ou plaisir, abondance de toutes choses ou besoin de secours, rapprochement et union, échange et fusion, équilibre et rapports, respectivement entre chaque famille ou individuellement entre chaque membre des diverses familles, et dès lors société économique : nation ; société morale : humanité, civilisation.

§ 3. — La *famille* d'une part, la *propriété* d'autre part, sont donc les deux cellules, les deux *ovaires*, l'un physiologique, l'autre économique de tout organisme, de tout mouvement de la vie sociale : pas de famille sans propriété, pas de propriété sans famille, pas de *société* sans ces deux générateurs, sans ces deux condensateurs de tout mouvement individuel ou collectif, physiologique et économique au sein de l'humanité.

La *famille* et la *propriété*, ainsi que les lois qui président à la formation de ces deux FAITS primordiaux

(1) On voit par là encore, combien la *société* diffère de l'*Eglise*, *l'homme* du *prêtre*, la démocratie de la théocratie, puisque nous trouvons dès l'origine même, l'une appuyée sur un fait que l'autre réprouve et condamne. La société civile, la démocratie, a pour principe une *réalité* physiologique, positive et pratique : la FAMILLE ; l'Eglise, la théocratie, au contraire, a pour principe une *fiction* spéculative et négative : le CÉLIBAT. L'une est l'*affirmation*, l'expansion même de l'être ; l'autre en est la *négation*, l'anéantissement.

et génériques sont donc antérieures et supérieures à toutes lois et à tous faits *politiques* contingents et *volontaires* quels qu'ils soient. Ce qui concourt à la formation et à la constitution de la famille et de la propriété est donc d'ordre supérieur et antérieur à l'établissement même de toutes autres relations sociales, puisque tout dans la vie sociale repose sur elles et en découle.

Les lois qui concourent à la formation et à la constitution, à la conservation et au développement de la famille et de la propriété ou de toute autre entité générique semblable, seront donc des lois essentielles et génériques, les lois fondamentales, le *substratum* de tout ordre social, que rien ne doit ni entraver ni fausser, ni atteindre dans le fonctionnement social pas plus que nulle individualité, nul groupe, nulle assemblée, ne doit pouvoir volontairement s'y soustraire.

Ces deux centres, ces deux foyers d'action et d'élaboration sociales, — une fois existantes, les entités qui les forment — produisent et doivent produire par le travail et la génération, pour maintenir toutes choses en équilibre, une somme (1) constante et constamment

(1) Voir plus bas, chap. III, même livre.

Cette somme est, et peut être, rationnellement déterminée par la loi fondamentale de « *l'équation des subsistances.* » Ne pouvant ici entrer ni dans une exposition, ni dans une discussion approfondie de cette loi, j'engage le lecteur à lire avec toute l'attention qu'il mérite, le beau livre de *Statistique humaine* ou *Démographie comparée*, du docteur A. Guillard. (Guillaumin et Ce, Paris, 1855, 1 vol. in-8o). L'aridité des chiffres et des formules de ce genre de travail est vivifiée là par un souffle de liberté et de justice, d'*humanité*, qui est peut-être sous nos gouvernements théocratiques, éminemment chrétiens et tolérants, comme chacun sait, le seul obstacle que rencon-

égale de forces physiologiques et économiques, nécessaire à l'harmonie et à la régularité de la marche normale de la civilisation, nécessaire à l'évolution progressive de l'humanité, nécessaire à l'entretien particulier et général de la société dans chacune des branches de l'activité humaine, mentale ou physique.

## CHAPITRE II.

§ 1. — C'est en effet, par le *travail* mental et physique et ce n'est que par le travail recueilli et fécondé par lui-même, et sans cesse reproduit ou renouvelé au sein de la famille et de la propriété, et non par *l'oisiveté* improductive et absorbante des castes ou des cloîtres et entretenue par le labeur d'autrui, que l'homme produit et que les sociétés se perfectionnent. C'est par la *liberté* que s'échangent ces produits ; c'est par la *justice* que se règlent ces échanges.

Or, le travail, la liberté, la justice, la famille et la propriété, sont des principes et des lois, des phénomènes et des faits, des facteurs de l'équation sociale que nous retrouvons toujours au sein des sociétés, avant et en dehors de toute conception spéculative quelconque,

trent pour leur vulgarisation au sein de notre société, les ouvrages de ce genre.

J'indique en particulier : Livre I, chap. IV., p. 80 ; chap. V., p. 82, 91, 97, 108, coroll. 12, p. 114, Scholie ; chap. VIII, § 4. — Liv. II, chap. IX, p. 215, 228 et *passim* ; chap. X.

indépendamment même, il faut le dire, de toute religion, surtout dans l'âge catholico-féodal. Le travail a toujours précédé la prière fille de l'oisiveté, et si l'on en croit même ce qu'on appelle les *livres Saints*, DIEU ? lui-même n'a prié, ou du moins ne s'est *reposé*, qu'après avoir accompli son œuvre de sept jours..... par conséquent, si les sociétés croient plus utile et plus productif de *travailler* que de *prier*, plus utile et plus productif de subventionner le travail que la prière, comme elles seules sont juges du fait, il est incontestable qu'elles aient le droit de garder leurs deniers et leurs forces pour ce qu'elles croient seul, socialement utile et socialement productif.

Et nous ne sachions pas non plus, en effet, que l'humanité ait jamais trouvé dans la vie religieuse ou dynastique, oisive ou extatique du cloître ou du manoir, ou sous quelqu'autre forme qu'elle ait pu se produire au sein des castes ou des oligarchies sacerdotales, ou civiles, les éléments et les ressources nécessaires à son entretien et à sa subsistance, à sa conservation physiologique et économique, entretien et conservation qui ne reposent au contraire, ainsi que nous l'avons vu et comme nous le prouverons plus loin encore, que sur la constante et générale pratique par chacun et par tous, du travail, de la liberté et de la justice, au sein de la famille et de la propriété.

§ 2. Eh bien, puisque ces principes et ces lois existent ainsi de toute éternité, comme causes initiales et déterminantes, soit à l'état latent, soit à l'état actif, mais non moins immuables et irréductibles, immanentes alors dans leur source comme dans leur fin, au sein de l'humanité, et qu'ils n'ont pu, comme ils ne peuvent qu'à de très-rares intervalles, se manifester et s'appliquer que sous tel mode de gouvernement et non pas sous tel autre ; nous aurons à examiner quels sont, avec les progrès accomplis, depuis surtout un ou deux siècles, quels sont, disons-nous, principalement dans notre patrie, à la fois, le mode de gouvernement ou le genre d'institutions et leurs conditions normales et génériques de fonctionnement, qui peuvent assurer régulièrement aux sociétés humaines, le bénéfice ou l'accession, la jouissance et la garantie effectives de ces principes et de ces lois.

Et ces gouvernements ou ces institutions alors, suivant qu'ils auront fait subir telle ou telle déviation, telle ou telle convergence, tel ou tel mouvement dans le sens de ces principes et de ces lois, ou dans un sens opposé et contraire, pourront sûrement être taxés comme favorables ou défavorables au progrès, et dès lors, infailliblement classés comme organes propulseurs ou comme organes rétroacteurs de la civilisation, surtout si l'effet desdits gouvernements ou desdites institutions se retrouve toujours le même, soit pendant de longues et nombreuses périodes, soit chez un grand nombre de peuples, en un mot, sur une *échelle de proportion* aussi grande que variée, soit dans le temps, soit dans l'espace observés.

Donc, tout ce qui, dans une somme de temps et d'espace donnés, augmente la liberté et la sécurité, la puissance et la valeur de la famille et de la propriété, la grandeur et la dignité de la personnalité humaine, individuelle ou sociale, sa souveraineté en un mot, la *péréquation de la justice*, au sein des sociétés humaines; favorise le progrès, active la marche de la civilisation, et tend infailliblement au développement de l'humanité, au perfectionnement de l'esprit humain, à l'amélioration commune de la vie sociale, par le relèvement de la personnalité humaine ; comme d'ailleurs tout ce qui agit en sens contraire des tendances, que nous venons d'indiquer, entrave le progrès, ralentit la marche de la civilisation, fausse le développement de l'humanité autant que le perfectionnement de l'esprit humain, en écrasant la personnalité humaine par la diminuation de la souveraineté, par le faussement de la justice et de la liberté.

Voilà le critérium général et synthétique de la civilisation dans ses proportions les plus grandes et les plus larges ; voilà la loi universelle et scientifique du progrès, voilà la caractéristique générale de l'humanité. Voilà le dilemne pour la civilisation ou pour la barbarie.

Ce que nous voulons donc, et ce qui est le but et les fins de la civilisation et du progrès, et que notre âge, nous l'affirmons hautement, est appelé à résoudre effectivement par la République, dans notre patrie du moins, c'est que :

Les *lois physiologiques*, expression et garantie des principes sociaux de la famille et de la propriété,

Les *lois politiques*, expression et garantie des principes moraux, de justice et de vérité,

Les *lois économiques*, expression et garantie des principes organiques, d'activité et de liberté,

Irradiations de la vie même de l'être, ne puissent plus être au sein de la société ni éludées ni faussées au profit des uns et au détriment des autres.

Nous voulons que ces lois fondamentales, dérivées du principe fondamental de l'individualité humaine, sur lequel, ainsi que nous croyons l'avoir établi, reconnu et prouvé, repose envers et contre toute conception dogmatique ou spéculative, au sein de l'humanité, l'existence de l'être individuel et social, de l'homme et des sociétés, assurent désormais effectivement à l'homme et à la société, au sein de la République, au profit de chacun et de tous, le développement et l'accession progressifs et complémentaires des éléments et des sources de la puissance et de la fortune mentales et physiques de la souveraineté, de la personnalité humaine, en un mot leur équation sociale par la constitution et la diffusion au sein des masses, de la famille et de la propriété (1), de la science et de la richesse.

Nous le voulons, car jusqu'à nos jours, ces prérogatives sacrées, ces droits originels, ces principes vitaux, n'ont jamais pu, par privilége héréditaire ou censitaire, se constituer et s'exercer au sein de la théocratie et sous la déviation des lois dynastiques, ou ecclésiastiques, qu'au profit exclusif de quelques-uns, castes

(1) Concluez avec nous, et par l'histoire de notre pays et par celle de tous les pays qui nous touchent, que la *grande propriété* indivise et de main-morte est stérilisante de sa nature ; et ne lui attribuez plus les bienfaits dus à la culture grande et éclairée. Convenez que plus on augmente le nombre des personnes interessées à une bonne culture, plus on est sûr d'y arriver. Ne criez plus au *morcellement indéfini* du sol. Vous devez savoir que c'est une erreur aussi grosse, plus grosse que celle de l'*accroissement indéfini* de la population, que dès que les subsistances seront arrivées à leur complet développement, il en sera de même de la quantité de population, époque qui n'est pas éloignée pour la France; et que dès qu'il n'y aura plus de propriété dépassant l'aréa qu'une famille peut cultiver, la division du sol sera irrévocablement arrêtée.

(Ach. GUILLARD, *op. cit.*, p. 132.)

ou dynastie, dans le seul intérêt et dans les seules mains desquels tout a toujours été organisé et tout a constamment convergé sous la monarchie; autant par la puissance productive directe et positive du travail, que par la puissance improductive indirecte et négative de l'impôt, *profit* qui, depuis un demi-siècle environ, se chiffre à cette heure, dans notre malheureuse patrie, pour citer un exemple, par un passif de vingt milliards au moins (1), vingt milliards, que payent surtout ceux qui ont tout fait pour s'en défendre.

## CHAPITRE III.

§ 1. — Une fois assise sur les principes et les lois physiologiques, économiques et politiques que nous venons d'indiquer, une nation, comme tout centre d'élaboration, a besoin, pour se mouvoir et agir, pour progresser et produire, suivant ces mêmes principes et ces mêmes lois, que ses forces intellectuelles et physiques se maintiennent constamment à un certain degré de puissance et de chaleur, qui, étant donné le chiffre de sa population, peut être aussi exactement déterminé que l'est le degré de chaleur et de puissance auquel doit être porté et maintenu, par exemple, un mélange chimique quelconque pour produire tel ou tel résultat, tel ou tel phénomène.

(1) Nous ne parlons que de la dette *nationale*.... Que serait-ce si nous chiffrions le total des dettes de chaque commune!

Or, si le *progrès*, qu'on peut considérer comme la *machine* chargée de conduire l'humanité, a besoin, pour se mouvoir au sein d'une société, suivant la marche ordinaire et normale de la civilisation, d'une force moyenne et constante, par exemple de 500,000 individualités, adonnées à la famille et à la propriété, comment cette marche pourra-t-elle s'accomplir et arriver à ses fins si, non-seulement on prive par le célibat et la main-morte cette machine d'un *quart*, par exemple, des forces individuelles, forces qui lui sont *toutes* nécessaires, mais encore si ce quart, ainsi réduit par le célibat et la main-morte, cherche lui-même, par une action latente, à entraver cette marche, déjà diminuée dans sa vitesse et son intensité initiales de 25 0/0, mais encore à ralentir et à entraver les 75 0/0 de forces qui restent libres dans la société.

Et pour mieux préciser ces supputations, dirons-nous encore, il est incontestable, pour qui observe tant soit peu de nos jours l'envahissement clérical en France, que, sauf les familles protestantes et juives, l'Église enlève à chaque famille catholique, d'un côté, au moins, un de ses membres, garçon ou fille, pour les vouer à la vie religieuse; et, d'un autre côté, une part de sa propriété pour la vouer à la pauvreté (1).

Eh bien que l'on juge de l'influence et du rayonnement des doctrines de l'ultramontanisme au sein d'une famille

(1) Voici ce que La Bruyère pensait des *vœux de pauvreté* au XVIIe siècle, et certes, on n'accusera pas cet écrivain de *démagogie*... « Il s'est trouvé des filles qui avaient de la vertu, de la santé, de la « ferveur et une bonne vocation, mais qui n'étaient pas assez riches « pour faire dans une riche abbaye vœu de pauvreté. »

(*Caractères*; de quelques usages, p. 384.)

qui compte déjà l'un des siens dans les rangs des phalanges célestes, et l'on pourra, par l'ensemble de cette triple action sur la famille, sur la propriété et sur l'éducation en France, voir, si nous devons chercher ailleurs les causes de dégénérescence physiologique, économique et politique.

Ainsi, par l'enfouissement et la séquestration dans les cloîtres ou les temples d'une part de la vie sociale physiologique et économique, par le *célibat* d'un côté, l'Église enlève à la société le germe d'une nouvelle famille, qu'elle ne remplace plus dans le mouvement physiologique, comme de l'autre, par la *main-morte*, elle enlève le germe d'une nouvelle propriété, qu'elle ne remplace pas non plus dans le mouvement économique : germes ou éléments de propriétés et de familles qui ont pourtant, pour leur croissance et leur développement, pour leur culture et leur formation, coûté à la société, à qui l'Église ne donne rien en échange, une somme de forces et d'intelligence qui représentent dans le patrimoine social un capital d'au moins vingt ans de travail et d'épargnes, de moralité et de justice (1).

C'est là le fait de tous les jours, c'est là le fait de toutes les heures, et rien n'agit plus profondément et plus in-

(1) Car *ce n'est pas le sol qui nourrit, c'est le travail.* On a dit que la multiplication des moines sur tous les points de l'Espagne avait arrêté le développement de la population dans cette fertile péninsule. Si on le veut, accordons-le, pourvu que l'on nous accorde que le développement n'a point été arrêté par leur continence — assez douteuse, — mais par l'exemple contagieux de la paresse et de l'oisiveté, mais par la mendicité qu'encourageait leur charité ignare, mais par l'accaparement des terres qu'ils laissaient en friche ou cultiver mal par leurs mercenaires.

Ce n'est pas le sol qui nourrit, c'est le travail : l'Espagne l'a

timement au sein des sociétés et des grandes masses que ce qui agit lentement et universellement, constamment et toujours. Aussi nous suffit-il, je crois, de l'avoir ainsi mis en lumière pour que chacun avise à sa sécurité et à sa conservation personnelles autant qu'à la sécurité et à la conservation sociales. Il ne faut pour cela employer et ne laisser désormais, au sein de la République, employer par l'État ou la commune, que pour des services productifs d'utilité publique et générale, incontestable et incontestée, effective et réelle, les ressources du budget et de l'impôt, les produits du travail, suivant les seules règles de la plus stricte justice et de la plus parcimonieuse économie.

Il est en effet impossible, avec une telle absorption et de pareilles entraves, comme en a du reste toujours suscitées l'Église, que, dans un temps donné, le coëfficient du progrès ne descende à *zéro;* et alors une nation ainsi épuisée et affaiblie physiologiquement, économiquement et moralement dans les sources de sa puissance, de sa fortune et de son éducation, de sa vie, s'arrête, tombe et meurt, roulant tous les vingt ans, ainsi que nous le voyons dans la civilisation théocratique de notre occident, de catastrophes en catastrophes.

Ainsi notre seul ennemi, notre seul ver rongeur en

démontré expérimentalement, comme l'Egypte et la Turquie, comme la Sicile et presque toute l'Italie.

Les Anglais peuvent continuer d'exporter le prétendu trop plein de l'Irlande : que l'émigration s'arrête ou persévère, on peut être assuré que, si la pomme de terre cesse d'être malade, l'infortunée Erin aura refait en peu de temps ces huit millions d'habitants, toujours multipliants et toujours misérables.

(Ach. GUILLARD, ouvrage cité.)

France aujourd'hui, sous le principe de la souveraineté nationale, comme du reste, avant 1789, sous le principe de la souveraineté dynastique, c'est l'Église. La monarchie l'avait compris : toutes les lois qu'elle avait édictées contre les empiétements de la cour de Rome sont là pour l'attester; la République, elle, doit le comprendre aussi, et le mettre à son tour en pratique, au nom même du droit de légitime défense; c'est le droit du charbonnier : *être maître chez soi.*

§ 2.—Les principes et les lois physiologiques et économiques qui président à la formation et au développement, à la constitution et à la conservation des sociétés humaines par la propriété et la famille, comme aussi les principes et les lois politiques et civils qui président à la formation et au développement de l'individu par le travail et par l'éducation, subissent certes fatalement assez de déviations et d'aberrations de tout ordre, par des causes naturelles et inéluctables, pour que le législateur (*nous l'affirmons*) ait le droit et le devoir d'écarter, au nom de l'intérêt public et de la conservation sociale, toute déviation, toute aberration, tout faussement, qu'il est en son pouvoir d'empêcher ou de neutraliser.

Et ce que le législateur, suivant les termes même de notre édit de 1749, sous Louis XV, « pour maintenir « de plus en plus le bon ordre dans le royaume et em- « pêcher que les biens, naturellement destinés à la sub- « sistance et à la conservation des familles, ne passent « aux établissements des gens d'église, » ce que le législateur a eu le droit et le devoir de faire sous la théocratie dans un intérêt dynastique, « pour maintenir le bon ordre dans *le royaume*, » à combien plus forte raison le législateur en a-t-il le droit et le devoir de le faire sous la démocratie, dans l'intérêt social, « pour maintenir le bon ordre dans *la société.* » Dans l'un et l'autre cas, gardien des lois, le pouvoir agit toujours au nom du même principe, celui de la conservation individuelle et sociale pour lequel il est seul institué.

De là résulte que toute institution, toute association, tout individu même, qui, sous un prétexte ou sous un autre, en s'établissant au sein de *la société*, prétendrait n'y vivre qu'en dehors de ces lois essentielles et fondamentales, en les faussant ou en les annihilant, en les éliminant ou en les éludant, doit en être repoussé et exclu, chassé et extirpé comme une cause anti-sociale et révolutionnaire, immorale et inique, délétère et morbide, comme un élément de troubles et de discordes, de dissolution continue et de désordres incessants.

On est *homme*, en effet, avant d'être chrétien ou juif, catholique ou protestant, mahométan ou libre-penseur, prêtre ou philosophe, et par conséquent le *modus vivendi* nominal de ces diverses catégories spéculatives, *dérivées* de l'individualité humaine, doit avant tout et par dessus tout se soumettre et s'accommoder au *modus vivendi* social de l'individualité humaine elle-même, sans laquelle ces diverses catégories ne sauraient exister.

§ 3. — Dans les sociétés modernes, en effet, aujourd'hui que chacun s'y appartient à soi-même, chacun *groupe* ou *individu* doit être l'artisan de sa propre fortune, et, s'il en a besoin, ne recevoir de la société au sein de laquelle il vit, des subventions ou des secours qu'autant que la société, en rendant ces services, est *assurée* qu'elle reçoit ou recevra elle-même dans un temps déterminé, de la part de l'individu ou du groupe qu'elle a subventionnés, un service ou une rémunération équivalents.

Rien *pour* RIEN, surtout lorsqu'il s'agit, comme pour les distributions de l'impôt ou les émargements du budget, de prélever sur la fortune de chacun et de tous, pour *quelques-uns*. Produire un *objet* ou produire un *service*, c'est toujours *produire*. Seulement, il faut que l'objet ou le service soient *utiles* à tous, quand ils sont l'un ou l'autre rémunérés par l'argent de tous ou l'impôt. Eh bien, à qui persuadera-t-on que la religion rentre aujourd'hui surtout, dans l'ordre des services utiles à tous?

Avec les vérités et les découvertes, que nous a de tout temps, du reste, révélées et léguées la *science*, et la science seule; avec les bienfaits que l'*éducation* et l'éducation civile seule nous assure et nous procure; avec la sécurité que la *justice* nous garantit, à quoi sert et peut donc servir de *socialement utile* la religion (1) pour prétendre aux subventions budgétaires.

C'est, osons le dire, la plus complète inutilité, la plus dangereuse et la plus coûteuse superfluité des temps modernes.

Et ce n'est pas seulement une inutilité et une superfluité sociales, ce n'est pas seulement une force *négative* et improductive, mais dans notre Europe occidentale, au sein de ces malheureuses races latines surtout avec le célibat et la main-morte, la religion, disons mieux alors, l'*ultramontanisme* est une force active, délétère et morbide, dissolvante pour les milieux où elle fleurit, autant qu'absorbante de ces milieux.

Il faut donc que les sociétés s'en débarrassent et s'en

(1) Voir la note ci-après, page 28.

délivrent ou du moins s'en affranchissent, sous peine de périr ou de se stratifier avec elle, épuisées ou taries dans les sources de leur vie physiologique, économique et politique.

Il faut donc une répudiation nette et catégorique, une exclusion définitive, radicale et absolue de toute influence, de toute ingérence, de toute action religieuse (1) quelconque, directe ou indirecte dans la *chose publique*, dans les affaires de l'Etat, soit pour les fonctions intellectuelles, soit pour les fonctions politiques, soit pour les fonctions économiques.

(1) Que l'on veuille bien noter, une fois pour toutes, que nous ne considérons et discutons ici la *religion* que comme puissance sociale et politique au point de vue économique et civil, au seul point de vue de l'*utilité sociale*, comme nous ferions et avons le droit de faire tout service public rémunéré par le budget, et dès lors relevant de qui le paye. Le dogme, en tant que dogme ne relève que de lui-même ; c'est un acte de conscience individuelle ou collective, et nous républicains, qui avons tant combattu pour la liberté de conscience, sachons au moins donner l'exemple du respect de nos principes, surtout à l'égard de nos adversaires. Personne n'a le droit de discuter un dogme quelconque, que lorsque ce dogme, par ses applications ou ses tendances pratiques, sort lui-même du sanctuaire, je veux dire de la conscience pour se mêler à la vie sociale et la diriger suivant ses intérêts ou son principe, contrairement aux intérêts ou aux principes sociaux.

Et si ce dogme a de tout temps été l'objet de tant de critiques et de tant d'attaques, c'est que sous lui la religion, qui ne devrait être que la consolatrice des faibles et des affligés, nous a trop souvent donné ce triste et affligeant spectacle, aussi anti-social, qu'anti-patriotique, d'hommes qui s'imaginent remplir leurs devoirs en violant les droits naturels et civils, et obéir à Dieu en trahissant leur patrie.

Il en est, du reste, pour un homme ou pour un peuple, de leur vie morale comme de leur vie physique : tel aliment profite à l'un, qui

Là, et là seulement, est et sera le signe et le gage de la victoire et du triomphe de la démocratie sur la théocratie, de la République sur la monarchie, le commencement de l'âge de justice et de liberté promis par la Révolution française.

Eloignons donc à jamais nous-mêmes, pour une bonne fois, le berceau de la démocratie de cette atmosphère sépulcrale et morbide de la théocratie pour le transporter au sein du mouvement et de la vie, au sein de la nature; et ne prenons plus, comme on l'a fait jusqu'à nos jours, pour drapeau de la République le suaire de la Monarchie.... Pour cela, nous n'avons qu'à serrer *notre bourse* et en tenir nous-mêmes les cordons; à fermer *notre porte* et en prendre nous-mêmes la clef dans nos poches; à ouvrir *nos écoles* et y semer nous-mêmes la science; enfin à appliquer *nos lois* que nous aurons nous-mêmes faites conformes à la justice par le suffrage universel.

est nuisible à l'autre ; c'est une affaire de tempéramment et de climat. Il n'est donc pas, et il ne saurait en être autrement de la *religion*, qui est un des aliments de la vie morale, mais qui n'en est absolument ni le *seul*, ni le *meilleur*. Or, qui que ce soit, n'a pas plus le droit pour notre vie morale, que pour notre vie physique, de nous imposer tel genre de nourriture ou tel aliment que tel autre. Chacun, pour ce fait, est juge et seul juge de l'opportunité ou de la convenance dans le choix des aliments spirituels ou matériels dont il peut ou non avoir besoin pour son entretien et sa consommation particulière, pour son hygiène.

La religion est donc purement et simplement un chapitre de de l'hygiène : au banquet de la vie sociale, c'est un *hors-d'œuvre*, que ceux-là seuls doivent payer, qui veulent y goûter.

Depuis plus de deux mille ans, qu'on nous en bourre et qu'on la met à toutes sauces, on en a fait un mets fastidieux, la France en est plus que fatiguée, son estomac le rejette, Elle n'en veut plus, de *quelque manière qu'on le lui accommode.*

## CHAPITRE IV.

§ 1er. — L'origine des sociétés démocratiques est et réside donc dans le *fait* même de *l'individualité humaine;* le principe et la base desdites sociétés, de la *République* alors sont et résident dans la *souveraineté individuelle* : leur objectif est la prépondérance de la personnalité humaine. Ces sociétés et leur gouvernement sont donc l'expression virtuelle et le développement normal d'une vérité et d'une réalité naturelles et physiologiques, positives, expérimentales et pratiques, dont l'aboutissement suprême est l'*humanité*.

L'origine des sociétés théocratiques est et réside, au contraire, dans la nature même de ce qu'on appelle la *personnalité divine;* le principe et la base du gouvernement desdites sociétés, des *monarchies*, sont et résident dans la *souveraineté dynastique* : leur objectif est la prépondérance de la personnalité dynastique. Ces sociétés et leur gouvernement sont l'expression et le développement d'une conception et d'une fiction hypothétiques et surnaturelles, négatives et spéculatives, dont l'aboutissement suprême est la *divinité*.

La *République* part donc d'un *fait* connu, constaté et vérifié dans sa nature comme dans ses fins, dans son principe comme dans ses lois, et repose sur une *réalité positive*. — La *Monarchie*, au contraire, part d'une fiction inconnue et hypothétique dans sa nature comme dans ses fins, dans son principe comme dans ses lois, et repose sur une *conception négative*.

Il y a, entre la République et la Monarchie, cette différence originelle, générique et physiologique en quelque sorte, que dans la République par la nature même des causes initiales, les forces et l'intelligence, la puissance et la fortune de chacun et de tous, convergent toujours fatalement, *sui generis*, dans le sens et au profit de l'intérêt social et commun, et ne peuvent que converger ainsi en raison en quelque sorte de l'unité et de l'identité de la *substance sociale;* tandis que dans la Monarchie et aussi par la nature même des causes initiales, la force et l'intelligence, la puissance et la fortune de chacun et de tous, convergent toujours fatalement, *sui generis*, dans le sens et au profit de l'intérêt dynastique et oligarchique, et ne peuvent que converger ainsi en raison aussi de la diversité et de la variété de la *substance sociale;* d'où il résulte que la République, par sa nature et par ses fins, ne peut être oppressive ni spoliatrice, ni pour un, ni pour tous, tandis que la Monarchie ne peut, au contraire, par sa nature et ses fins, qu'être oppressive et spoliatrice pour chacun et pour tous.

§ 2. — Le but de toute *constitution*, une fois le prin cipe et la nature, l'origine et la source de la *souveraineté*, ainsi que le principe et la nature, l'origine et la source des *entités génériques*, où réside la souveraineté au sein de la société, fixés et déterminés, est donc de régler invariablement les tendances initiales et génériques d'une société par l'*exercice* de la souveraineté, soit dans la paix, soit dans la guerre, en en assurant dans l'une comme dans l'autre de ces phases, le fonctionnement social immédiat et normal, conformément à ses tendances et à ses lois, fonctionnement auquel est dès lors attachée l'existence de la société elle-même, comme au fonctionnement particulier de l'être lui-même, est attachée l'existence de l'individu.

Une *assemblée*, quelle qu'elle soit, n'a donc pas plus le pouvoir que le droit de toucher à l'un quelconque des principes initials et génériques, qu'à l'une quelconque des lois constitutives et organiques de l'être social, ni de les modifier en quoi que ce soit; qu'elle n'a le droit ou le pouvoir de toucher à l'existence de l'une quelconque des entités génériques de l'être social, où à l'être social lui-même, à l'individu, à la commune, à la nation; car, sans individu, sans commune, sans nation, comme sans principes initials et génériques, sans les lois constitutives et organiques de chacune de ces entités irréductibles, l'assemblée respective, qui les représente par les *délégués* de chacune d'elles, *simple dépositaire*, non pas de leur souveraineté, mais simplement de l'EXERCICE (1) de leur souveraineté, n'existerait pas.

Or, un corps dont la puissance autant que l'existence elle-même, sont attachées à la préexistence individuelle ou collective de certains autres corps, ne saurait, sans se détruire et se frapper lui-même d'incapacité et d'impuissance virtuelles et juridiques, toucher d'une manière quelconque, soit à ces corps eux-mêmes, soit aux principes ou aux lois qui règlent l'existence de ces corps; corps, principes et lois, d'où il tire lui-même sa propre existence.

Par conséquent, ainsi que nous venons de l'indiquer,

(1) Voir plus loin, l. II, ch. 1er, § 3.

et comme nous le prouverons plus loin encore ; si la *souveraineté*, consécration sociale et juridique du fait de l'individualité humaine, communale ou nationale, et du principe qui en découle, de l'inviolabilité de ladite individualité, *dérive* virtuellement elle-même de l'individualité et *réside* au sein de la société, dans chacune des dites entités antérieures et supérieures elles-mêmes à toute assemblée qui en *dérive*, entités créées en dehors de l'une comme en dehors de toute assemblée quelconque ; il est incontestable que nulle assemblée n'a virtuellement, pas plus qu'elle ne peut juridiquement s'attribuer par nulle constitution, ni le droit, ni le pouvoir d'attenter à la *souveraineté*. Elle n'est jamais que *dépositaire* de l'*exercice* de la souveraineté, et non pas, comme on a l'air de le croire, de la souveraineté elle-même ; la *souveraineté*, pas plus que l'*âme*, ne pouvant se déléguer.

Nulle assemblée ne peut donc que *consacrer* ce principe de la vie sociale qu'elle n'a pas créé, pas plus qu'elle ne saurait le créer, en le formulant en *lois*, tout comme la société elle-même consacre le principe de la vie physique qu'elle ne saurait créer, mais dont elle est dépositaire et gardienne, en inscrivant sur les registres de l'état-civil le nom de l'être qui vient de naître en son sein.

Une assemblée n'est pas plus fondée à abuser de la souveraineté nationale par des lois d'exception contre la souveraineté individuelle et les droits particuliers de chaque citoyen, qu'elle ne l'est à abuser de la fortune publique contre la fortune privée de chaque citoyen, par des dilapidations budgétaires. Dans l'un comme dans l'autre cas, n'ayant mandat que pour agir au mieux de l'intérêt public et de la conservation sociale, elle disposerait de ce qui ne lui appartient pas, il y aurait alors usurpation, prévarication et forfaiture.

Tout attentat à la souveraineté individuelle, communale ou nationale, est donc un attentat à la vie même des citoyens, de la commune ou de la nation, dans leur puissance comme dans leur fortune respectives. Et, par suite, tout attentat au *droit de suffrage* par une restriction ou une exclusion en dehors des cas d'indignité ou d'incapacité civiles, le suffrage étant la manifestation de la souveraineté, et la souveraineté étant la consécration sociale de l'individualité, est aussi criminel que tout attentat à *la vie* même de l'être.

Ce que nous disons du droit individuel et de l'inviolabilité de la souveraineté individuelle du *citoyen* en général, s'applique entièrement au droit particulier et à l'inviolabilité de la souveraineté des entités génériques de la *commune* ou de la *nation* dans la manifestation de leur vie particulière et propre. Par conséquent, toute atteinte à la souveraineté individuelle, communale ou nationale par une *faction* ou par un *individu*, par le gouvernement surtout, est un crime, soit contre la vie particulière, soit contre la vie sociale de chacune des entités, et doit être immédiatement réprimé par la force au nom même de la conservation sociale ou du salut public.

§ 3. — Il y a donc au sein des sociétés, des *lois* qui, comme les principes dont elles sont à la fois l'irradiation ou l'expression normales et l'application ou le développement génériques, sont et doivent être à leur tour *immuables* comme ces principes eux-mêmes : si l'on en changeait si peu que ce fut le cours ou la direction, si on en modifiait en quoi que ce soit les tendances ou le développement; il arriverait dans le corps social ce qui arrive infailliblement dans le corps individuel quand on touche, soit à l'une des grandes artères par où circule le sang et par lesquelles se répand la vie elle-même, soit à l'un des organes initials et génériques où se condensent et se préparent et le sang et la vie.

Nous appellerons donc exclusivement LOI, ce qui est l'expression naturelle ou instinctive, le reflet immédiat, la projection directe, en quelque sorte, de la souveraineté, de la vie même de l'être qu'elle régit, dirons-nous alors, en raison de l'identité qu'il y a dans tout être entre sa vie et sa souveraineté.

Or, comme cette souveraineté, ainsi que nous l'avons reconnu et établi, (1) n'existe nulle part à la fois dans ses causes et dans ses fins, que dans l'individu d'abord, et puis dans la commune et dans la nation, indépendamment, comme nous l'avons vu aussi de l'assemblée respective de chacune de ces entités, et comme cette souveraineté ne saurait se *déléguer* à nulle assemblée, quelle qu'elle soit : il n'y aura que ce qui est adéquat à la souveraineté, à la vie même alors de chacune de ces entités, qui devra donc désormais recevoir le nom de LOI dans la langue politique.

Par suite, ces lois-là, adéquates aux entités qu'elles *représentent*, seront *sui generis*, souveraines comme chacune des entités qu'elles reflètent.

Il y aura donc ainsi dans le corps social, d'une part :

(1) Voir plus loin, l. II, ch. I, § 3.

LOIS SPÉCIALES ou *innées*

Les *lois individuelles*, adéquates à l'individu et expression de la souveraineté individuelle;

Les *lois communales*, adéquates à la commune et expression de la souveraineté communale ;

Les *lois nationales*, adéquates à la nation et expression de la souveraineté nationale.

Et d'autre part :

LOIS GÉNÉRALES ou *délibératives*

Les *lois sociales*, sous laquelle dénomination nous rangerons les lois destinées à régler les rapports communs entre l'individu, la commune et la nation.

Les lois du premier groupe, nous les désignerons sous le nom de *lois de principes*, parce que chacune d'elles découle et dérive elle-même et d'elle-même d'un principe initial et immanent.

Les lois du second groupe, nous les désignerons sous le nom de *lois d'intérêts*, parce qu'elles sont destinées à régler l'ordre et l'harmonie des intérêts respectifs et communs de chacune des trois entités initiales et finales de l'individu, de la commune et de la nation au sein de la société.

L'assemblée nationale, *seule*, peut faire et édicter ces lois du second groupe (impôts, éducation, hygiène, justice), en raison de la diversité et de la multiplicité, de la variété et de la généralité des intérêts qu'elles doivent régler et régir. Les autres se font et s'édictent d'elles-mêmes en quelque sorte : *natura naturans*. Expressions de l'être humain, et la raison étant chez tous les êtres qui en sont capables, *une* et égale dans son principe comme dans ses fins, tous les hommes possédant la raison, tous, seront ainsi par leur nature même d'êtres-raisonnables, également capables de la loi qui est la suprême raison, également capables de *souveraineté* (1), suprême expression de l'être.

Aussi, toute assemblée qui croit pouvoir soumettre aux fluctuations d'une majorité ou aux chances d'un scrutin ces lois primordiales et constitutives, ces lois *innées* (2) de la vie même de l'être social, se condamne et se suicide elle-même par de pareils attentats. Car elle met ainsi toujours en question sa propre existence, attachée comme celle de la société elle-même, à l'immuabilité de ces principes autant qu'à l'immanence de ces lois.

Ce qu'une assemblée (l'*assemblée nationale* SEULE) a le pouvoir de faire, et son *droit* ne va pas au-delà, c'est simplement de modifier, quand il y a lieu, par de nouveaux *décrets*, les divers décrets qui peuvent régir les *intérêts* politiques ou économiques d'une *société*, en adaptant tour à tour ces décrets aux diverses variations successives reconnues nécessaires, par lesquelles, par la suite du progrès individuel ou social, passent à chaque âge lesdits intérêts au sein de la société.

Elle ne peut que toucher aux *intérêts* de la société pour mieux les régler et mieux la régir elle-même par les lois sociales du second groupe ou *lois délibératives*. Elle n'a jamais le droit de toucher aux lois du premier groupe ou *lois innées*, aux principes qui sont la vie même de la société; et ce droit elle ne saurait l'avoir, parce qu'elle

(1) On voit qu'elle indestructible cohésion il y a entre la *liberté* et l'*égalité*. De cette cohésion dérive la solidarité; nos glorieux ancêtres eurent donc bien raison de tout renfermer dans ce trinome : *Liberté, égalité, fraternité.*

(2) Nées *avec* et *dans* l'être.

ne saurait créer ni les principes, ni la vie de la société, créés l'un et l'autre en dehors d'elle et avant elle.

---

# COROLLAIRE

## La Civilisation

Il nous reste maintenant, pour compléter cet exposé de principes et l'étude que nous avons faite dans ce premier livre, de la nature et du caractère des sources et des origines de la société, d'une part dans les causes qui, sous les tendances démocratiques la conservent et la perfectionnent, et de l'autre, sous les tendances théocratiques des causes qui peuvent l'infirmer ou la détruire même; il nous reste, disons-nous, comme preuve *à fortiori* à jeter un rapide coup-d'œil sur le mouvement général de la civilisation depuis ses origines jusqu'à nos jours, et, notant dans chacune de ses grandes phases, les déviations ou les fluctuations que ce mouvement a pu subir ou éprouver, par rapport à sa tendance normale et générique, sous la pression des lois théocratiques ou dynastiques par les aberrations de l'*ignorance* ou les entraves de la force, prouver ainsi la concordance du mouvement normal de la civilisation et des progrès de l'esprit humain avec les *seuls* principes et les *seules* lois démocratiques.

Rappelons-nous donc ce qui du reste, nous croyons, ressort déjà de ce que nous avons exposé, et qui, en quelque sorte, nous servira alors de *point de repaire* pour ce que nous avons encore à dire dans ce premier livre, que « le point culminant où aboutit la civilisa- « tion, son objectif dans la paix comme dans la guerre « au sein de l'humanité, est la conservation et l'amé- « lioration de la vie individuelle par la conservation « et l'amélioration de la vie sociale, la prépondérance « de la personnalité humaine par la prépondérance « de la personnalité sociale et réciproquement, » et que (ayons au moins le courage de dire tout haut ce que chacun pense tout bas), ce que l'homme appelle la *pratique de ses devoirs* n'a été, n'est et ne sera jamais, de quel nom que son orgueil ou sa faiblesse l'affublent ou le déguisent, que *la recherche de ses intérêts* ou de ce qu'il a cru, de ce qu'il croit ou de ce qu'il croira être ses intérêts.

§ 1. — Libre produit de ces principes et de ces lois, que fécondent et développent le travail et la science, qu'assurent et garantissent la justice et la liberté; la civilisation ne s'est jamais, en effet, retrouvée à chaque âge dans le passé comme dans les temps modernes, sur son axe véritable, que lorsque les sociétés ont gravité sur ces principes suivant ces lois physiologiques et économiques des êtres en dehors de toute pression ecclésiastique, en dehors de toute déviation dynastique ou oligarchique, en dehors et à l'encontre précisément, en un mot, des tendances théocratiques.

La civilisation n'a même été vraiment supérieure,

comme il n'y a eu progrès réel et amélioration effective du sort du plus grand nombre, soit dans l'antiquité, soit dans les temps modernes, que lorsque le mouvement en avant s'est effectué dans le sens et sous l'impulsion, en généralisant alors, de l'*individualisme* et de la *démocratie*, témoin les républiques de l'antiquité et du moyen âge, au lieu de suivre le sens et l'impulsion du *catholicisme* et de la *théocratie*. (1)

Il nous suffira donc de rappeler ici en quelques lignes (2) ce qu'a été le mouvement général de la civilisation dans l'Inde, l'Egypte, la Chaldée et la Perse....

(1) Le sens sous lequel il faut respectivement entendre chacun de ces termes : *Individualisme* et *Catholicisme*, est, pour celui-ci, abaissement et annihilation, violation de la personnalité humaine ; pour celui-là, relèvement et prépondérance, inviolabilité de la personnalité humaine. C'est du reste ce qui ressort tout au long de ces études, et le lecteur verra que c'est par cette antithèse, par ces deux pôles de la civilisation, que nous avons conclu. (V. pages 98, 99 et suiv.)

(2) Il est bien évident, et le lecteur a dû le comprendre, que en raison du cadre et du but de ce livre, nous ne pouvons et prétendons moins encore ici tracer même une esquisse de l'histoire de la civilisation, et condenser dans quelques lignes la gestation et l'œuvre de cinq à six mille ans. Bien des détails doivent être laissés de côté, bien des nuances disparaître ; mais nous croyons cependant pouvoir affirmer, que, étant donné le cadre et les limites que nous nous sommes imposés, ce que nous disons, suffit à indiquer et à fixer les grandes lignes et les tendances essentielles et *normales* de la civilisation à travers les âges.

Non pas que nous prétendions avoir mesuré ou déterminé ces lignes et ces tendances dans chacun des éléments particuliers dont se compose l'œuvre de la civilisation en général, dans le commerce, dans l'industrie, dans les sciences, dans les arts, dans la philosophie, dans la littérature, dans la politique, dans l'économie...., mais bien dans le *degré* de développement ou de compression qu'a éprouvée à chaque âge la *liberté individuelle*, âme de la civilisation

d'une part; dans Rome et la Grèce d'autre part; durant le moyen âge ensuite, et après pendant le XVIIIe siècle, surtout à partir de la révolution française, d'en recher-

elle-même, principe actif par excellence qui féconde chacun des éléments civilisateurs.

En ce sens alors nous pourrons mieux encore condenser ici dans cette note ce que nous avons quelque peu développé dans le texte, et nous dirons :

*L'Orient*, dans cette confuse et constante ébullition des hommes et des choses, des idées et des faits, de la pensée et des races, dans ce branle général et incohérent où bouillonnèrent pendant des siècles, la *substance universelle* et la *substance sociale* en quelque sorte, n'acheva rien, mais il remua tout, soit dans les profondeurs du ciel, soit dans les profondeurs de la terre.

La *Grèce* prépara la pensée et les empires, en jetant à travers le monde dans les moules de la *science* et de la *cité*, qu'elle enfanta elle-même l'une et l'autre, la substance sociale et la substance universelle, les germes de la pensée et des empires si heureusement fécondés par son admirable génie si inventif et si varié, si osé et si correct dans l'une et l'autre de ses créations.

*Rome*, après l'immense et égalitaire fusion du monde greco-oriental par le génie créateur d'Alexandre, applique et coordonne elle-même, par son génie si essentiellement pratique et utilitaire, par ses conquêtes et sa législation, l'unité et l'humanité des temps modernes, entrevues et formulées pour la première fois dans toute leur plénitude et leur grandeur, par *le stoïcisme* dans sa sublime et profonde théorie de la loi et de la cité universelles.

Si Rome, dans sa froide et sèche raison, donna trop au rationalisme juridique, à l'*individualisme*; le christianisme, lui, dans l'ondoyance et l'effusion du cœur, donna trop au mysticisme sentimental, au *socialisme*.

Le *moyen âge* et les temps modernes jusqu'à la Révolution française, sont la lutte de ces deux tendances de la civilisation.

C'est à notre *âge actuel* et à l'époque contemporaine, après et sous la puissante fusion de la Révolution française, à ramener l'équilibre entre ces divers éléments, en appuyant enfin l'humanité sur la justice fécondée par la liberté.

cher la caractéristique dans chacun de ces âges, pour, connaissant aujourd'hui la caractéristique initiale et finale de la civilisation, se rendre un compte exact de la véracité des affirmations qui précèdent, et mettre ainsi en relief par rapport à la direction normale de l'esprit humain, suivant les principes et les lois physiologiques et économiques, les diverses déviations qu'a ainsi subies sous la pression des principes et des lois théocratiques et dynastiques, le développement individuel et social, la prépondérance de la personnalité humaine et son inviolabilité sociale, qui est la vraie caractéristique de la civilisation et son objectif suprême.

§ 2. — En synthétisant alors cet immense mouvement de l'esprit humain, depuis ses origines jusqu'à nos jours, et ramenant la vie de l'humanité aux deux tendances principales suivant lesquelles le progrès s'est accompli dans l'antiquité, d'abord pendant la période orientale, et plus tard pendant la période greco-romaine.

Nous trouvons : dans la période de la civilisation orientale, *l'homme*, — sous la pression théocratique du surnaturalisme de cet âge, atôme inerte et passif de la substance une et infinie de l'univers, dont il se croyait lui-même *mi-partie*, — comme anéanti au sein même de l'immobilisme religieux et fatidique sous lequel gravitèrent sans autonomie propre, et pendant tant de siècles au sein des castes sacerdotales ou civiles, les sociétés, ou mieux les oligarchies, les *agrégations* humaines de cet âge.

Dans l'âge gréco-romain, qui succéda à cette période si complexe et si incohérente, si remplie d'éblouissantes clartés et de profondes ténèbres, sans que l'une parvint jamais à éclairer ou à dissiper les autres, la personnalité humaine se dégage des entraves et des étreintes du monde physique et des énergies fatales et aveugles de la nature, dont elle n'avait pour ainsi dire *osé* s'affranchir dans l'âge précédent ; et tout en la laissant encore, après cet immense et si fécond effort, *esclave* de l'homme, cet âge, disons-nous, fait faire un pas immense à la civilisation, en séparant enfin l'humanité de l'univers, en dégageant l'être humain de l'être substance, en donnant à l'humanité un foyer qu'elle plaça dans *la cité*, première *concrétion* de la vie sociale.

La suprématie de l'individualité humaine, sur l'ensemble des autres êtres de la création, la prépondérance des fonctions organiques et des facultés intellectuelles de l'homme, sur l'universalité des énergies fatales de la nature, par l'immanence de la pensée humaine et le libre développement des forces mentales de cet être, au sein du milieu social de la *cité*, la consécration de la famille et de la propriété, la révélation du droit par l'indépendance de la cité ; tels sont les résultats, tel est le coëfficient de la civilisation dans l'âge gréco-romain. L'homme alors crée lui-même ses *dieux* et choisit ses maîtres ; les temps sont proches où il pourra les renverser ou les changer les uns et les autres.

§ 3. — Plus tard, au sein de l'effondrement général où les invasions barbares et la corruption impériale, — derniers contre-coups des gigantesques chutes du monde asiatique, *caput mortuum*, immenses détritus où trois à quatre cents ans de guerres et de rapines dynastiques avaient précipité le monde, — le messianisme (1) et le césarisme, en faussant toutes les lois, en viciant tous les principes de la vie sociale, en écrasant encore sous l'humilité chrétienne ou sous l'adulation impériale, en énervant dans le mysticisme ou la terreur religieuse, la personnalité humaine, dont le stoïcisme (2), cette virtualité de l'âme, avait pourtant essayé l'affranchissement et la délivrance,— le messianisme et le césarisme, disons-nous, replacèrent de nouveau l'humanité sous les étreintes du surnaturalisme

(1) Il serait peut-être plus exact de dire *catholicisme*; mais dans tous les cas, l'un et l'autre de ces deux termes complètent la pensée.

(2) L'idée d'humanité, de loi et de cité universelles dont on se plaît si généralement et si faussement à faire honneur au christianisme, est *toute* d'origine *stoïcienne*. Cette distinction n'a jamais été, que nous sachions, assez vigoureusement mise en relief dans aucune histoire générale de la civilisation.

Aussi sommes-nous heureux de signaler ici, entr'autres, deux auteurs modernes qui, au moins, quand ils ont rencontré dans le cours de leurs savantes investigations ce *grand fait*, n'ont pas craint de lui assigner sa part d'influence.

« Les stoïciens, maitres de l'Empire, le réformèrent et présidèrent « aux *cent plus belles années de l'histoire de l'humanité*. Les chré- « tiens, maîtres de l'Empire à partir de Constantin, achevèrent de « le ruiner. »

(M. Renan, *les Apôtres*, p. 344, tout le chap. XVII, *passim*. et principalement la fin.

« Le stoïcisme a non-seulement posé en principe dans son idée de cité universelle, l'égalité de tous les hommes, il en a tiré une conclusion immédiate contre l'institution de l'esclavage. Il faut savoir gré à Zénon de sa hardiesse, parce qu'il n'est pas rare que tel qui professe hautement l'égalité morale des hommes devant Dieu, hésite à professer leur égalité naturelle et civile, remettant à une autre vie la justice qu'il n'a point le cœur de réclamer et de défendre en celle-ci.

« Le genre humain avait perdu ses titres, le stoïcisme les retrouva.

« Commander et donner des lois au monde, telle fut la vraie deset de la théocratie ; l'axe de la civilisation fut brisé, son foyer s'éteignit, son objectif fut perdu.

Ainsi, après l'immense accumulation d'ordre, de sécurité, de richesses et de bienfaits de toutes sortes, après l'irradiation de justice et de liberté, dont la civilisation gréco-romaine, cette première efflorescence de la souveraineté humaine, en face de la souveraineté divine, avait comme saturé et inondé le monde, l'humanité en fut réduite, ne pouvant plus rien trouver sur la terre, à n'espérer encore qu'au delà de la tombe !...Et cet immense et immensément profond cri de désespoir et de deshérence sociale, est, hélas ! resté si intimement attaché au cœur de l'homme, comme une blessure incurable du messianisme, que, même affranchi par la Révolution française et mis enfin par elle en possession de lui-même, le peuple préfère encore cette douteuse et vague espérance d'une vie à venir par la prière et la mendicité, aux réalités effectives et salutaires de la vie présente, qu'il peut pourtant faire sienne aujourd'hui par la science et le travail.

C'est que, il faut bien le dire aussi, alors, comme presque encore aujourd'hui, dans les dernières couches sociales, hélas ! la vie présente était à charge à tous ; on ne songeait qu'à mourir, après avoir tant fait et tant lutté, après avoir tant reçu pour vivre des générations éteintes. On se vouait à la mort dès la naissance même. Le cloître était une anticipation de la tombe au

tinée du peuple romain. Mais c'est au stoïcisme que revient, sans contredit, la part la plus belle et la plus pure de cette œuvre de civilisation. »

(M. Denis, *Hist. des théories et des idées morales dans l'antiquité*, t. 1, p. 255, 311 note, 347 note, 362, 363, 367, 370, 373-419— et t. II, p. 1-5, 215 et *passim.*)

moyen âge ; à cette époque, l'Europe en fut couverte.... Que serait-il ainsi advenu de la civilisation sans les Hérésies et les Communes..... ces nouvelles et jaillissantes irradiations de l'*Individualisme.*

......... Et quand cette même Europe, dans les croisades, s'arracha pour ainsi dire toute entière de ses antiques fondements pour se précipiter sur l'Asie....., à la conquête d'un tombeau, elle cherchait encore dans ce mirage céleste à travers les cendres d'une tombe, la vie qui lui manquait à ses pieds, l'air qui lui manquait pour vivre, et dont la théocratie et le surnaturalisme, avaient tari ou éteint toutes les sources par l'anéantissement de la personnalité humaine au sein de l'église ou du cloître, par son écrasement sous le trône et l'autel.

Et, elle y fut retenue pendant tout le moyen âge, malgré quelques tressaillements, malgré quelques éclairs de bien courte durée, qui, de temps à autre réussissaient à dissiper ou à amoindrir l'intensité de la nuit et des ténèbres, en arrachant tour-à-tour à l'humanité quelques lambeaux du noir linceuil dont ses maîtres entouraient ses membres ou flétris ou broyés.

Affolée de terreurs et dépouvantes, de misères et de larmes, comme elle n'en n'eut jamais peut-être à aucune autre époque de sa longue et laborieuse carrière, l'humanité vécut ainsi enchaînée et muette sur le roc immobile et aride de la foi et sur la glêbe du serf, où la tenait rivée et captive par les liens du corps et de l'âme, pour sa vie mentale comme pour sa vie physique, la théocratie de l'église ou ce qu'on a appelé les *deux puissances.*

§ 4. — La civilisation ne retrouva ses sereines et

pures clartés, le progrès ne put reprendre sa marche régulière et désormais irrésistible, la vie sociale se reconstituer sur ses véritables bases, la famille et la propriété, disparues ou détruites dans l'âge précédent, comme l'humanité ne fut de nouveau et à jamais enfin espérons-le, replacée sur son axe, qu'au XVIIIe siècle, sous le puissant effort de la Révolution française, qui remit enfin au sein des sociétés et du monde même, la personnalité humaine en pleine et libre possession d'elle-même en lui assurant la justice (1), en lui rendant la liberté.

La Révolution française nous assura désormais ou du moins nous révéla à chacun et à tous la possibilité dans la vie présente, de la jouissance d'un régime politique et économique, où la somme d'ordre, de vérité, de justice, se renouvelle et s'accroît incessamment elle-même au sein de l'espèce, à travers même l'œuvre incessante de destruction et de reproduction de l'individu par la constitution et la diffusion de la famille et de la propriété, désormais assises sur les lois et les principes physiologiques et économiques de l'être lui-même, affranchi à jamais de tous liens et de toute dépendance théocratique ou dynastique.

Ainsi, cette révolution maudite et exécrée par ceux mêmes dont elle a fait et assuré l'existence et la for-

(1) La justice, dans notre âge moderne, a été inaugurée, en son propre nom, en dehors du clergé ; et c'est depuis lors, surtout, qu'elle semble vraiment la justice, (M. DE RÉMUSAT, *St-Anselme*, liv. I, p. 428.) — Il est évident que la morale existe indépendamment des idées religieuses. (M. GUIZOT, *Histoire de la civilisation.*)

— On voit que les *libres penseurs* ne sont pas tous dans les rangs de la *démagogie*... !! Et combien d'autres pourrions-nous citer...

tune, la première qui ait été fondée sur les principes de la vie même de l'être et sur les droits de l'humanité, émanée alors de la justice même, ne peut se reposer et ne se reposera certainement que dans son sein.

Elle continue donc, jusqu'à l'entier accomplissement de cette péréquation de la justice au sein de l'humanité, l'œuvre normale de la civilisation et du progrès, œuvre qu'elle est appelée à compléter en notre âge par l'affranchissement définitif de l'homme des liens de tout servage et de toute influence matérielle ou inerte, de toute dépendance théocratique ou dynastique, pour ne plus vivre que sous l'empire de la justice et de la liberté, soit qu'il s'agisse de l'homme comme être organique ou de l'homme comme être pensant, et qu'il se meuve dans la sphère matérielle ou dans la sphère morale de son activité individuelle ou sociale.

En un mot : inviolabilité de la personnalité humaine, tel est le coëfficient de la Révolution française, telle est sa caractéristique; c'est aussi celle de la civilisation elle-même. Le lecteur peut comparer maintenant et choisir entre la théocratie et la démocratie, entre l'*Individualisme* et la *Catholicisme* , entre la République et l'Eglise et voir quelle est celle de ces institutions, quel est celui de ces gouvernements, quel est celui de ces principes qui dans le passé comme dans l'avenir, nous a conduit et peut nous conduire encore dans la voie du progrès individuel et social, mental et physique, dans la voie du bien-être pour chacun et pour tous.

---

# LIVRE II

## Source et caractère de la Souveraineté

---

### CHAPITRE I.

De même que dans le livre précédent, après avoir établi les causes initiales et génératrices de la société, pour sa vie physiologique et économique, nous avons ensuite recherché quelles sont les sources et la nature de l'être individuel ou social, le caractère de leurs organes essentiels et constitutifs dans leur vie sociale; de même dans le présent livre nous devons commencer par rechercher quelles sont les sources et la nature de la *souveraineté*, le caractère et les origines de ses organes et de ses fonctions essentielles et constitutives pour la vie sociale et politique, puisque la souveraineté, ainsi que nous l'avons indiqué, consécration sociale de l'être, est le principe même de la vie sociale et politique, principe dont nous avons maintenant à étudier à la fois la coordination et l'équilibre.

De l'être, nous passons ainsi graduellement à la manifestation de l'être, de son existence à la loi même de cette existence, de la cause à l'effet.

§ 1. — Dans le fait même inéluctable, primordial et générique de l'existence naturelle de l'être humain, se développant sous ses lois physiologiques et économiques par la propriété et la famille, est et réside, avons-nous vu l'origine de la société, et dès lors le principe de la *souveraineté*, puisque la souveraineté est, nous l'avons vu aussi, pour l'être social ce que la raison est pour l'être individuel, la plus haute manifestation, la consécration sociale de son existence.

Partout donc, au sein de l'humanité, où ces deux tendances originelles et natives, ces deux (1) lois préhistoriques en quelque sorte, trouveront leur développement régulier et normal, leur application particulière et générale, nous pourrons sûrement dire, qu'il existe là une source immanente d'action et d'élaboration sociales, mentales et physiques, une *bouture* sociale en quelque sorte, et y placer dès lors dans l'organisation républicaine de la vie sociale, une entité générique de la *souveraineté*, puisque dans chaque groupe où ces deux tendances apparaissent et se manifestent, la vie y est complète autant dans ses origines que dans ses fins, dans ses causes que dans ses effets.

Ces agrégations de diverses individualités et de diverses familles au sein de l'humanité, ces entités souveraines alors dirons nous, ont, dans la langue historique, un nom sous lequel, à toutes les époques et à toutes les phases de la civilisation, comme sous toutes les latitudes, nous retrouvons chez tous les peuples, en dépit de toute réglementation arbitraire et volontaire, en dépit de toute conception métaphysique ou politi-

(1) On peut y joindre, mais sous certaines réserves de postériorité, la *loi politique*.

que, les mêmes intérêts et les mêmes aspirations, les mêmes besoins et les mêmes satisfactions, qu'elle qu'ait été du reste l'étendue de la sphère où ces groupes se sont formés et ont gravité. Ce nom est la *Commune*, c'est la cellule ou l'embryon de la vie sociale, comme la *famille* est la cellule ou l'embryon de la vie individuelle.

Dans l'antiquité la plus reculée, comme dans l'âge moderne, à l'origine de toutes ces conceptions, de toutes ces créations, de tous ces *dérivés* de la souveraineté humaine *individuelle* ou *dynastique*, sous le nom de République ou d'Empire, nous retrouvons toujours dans cette cellule de la vie sociale, quels qu'en aient été le rayonnement ou l'étendue la force ou la splendeur, la vie humaine complète et assurée dans toutes ses causes comme dans tous ses effets.

Si donc, dans ce champ de l'activité humaine et du mouvement social, dans cette *bouture* de l'humanité, la vie s'y est toujours montrée quelles qu'en aient été les limites ou la masse dans toute sa force et dans toute sa splendeur, il est incontestable que lorsque nous rencontrerons dans l'histoire de l'humanité et dans le mouvement de la civilisation, une *agrégation* de diverses communes, réunies entre elles sous le nom de *nation*, nous devrons aussi, pour que ce *dérivé humain*, cette nation, et dès-lors le *mode de gouvernement* sous lequel nous apparaîtra cette nation, puisse être regardé comme une expansion, comme une efflorescence naturelle de la vie sociale, comme un gouvernement normal et juste ; nous devrons retrouver, disons-nous, au sein de ce gouvernement et dans toute leur intégrité, dans toute leur rectitude, les tendances génériques et natives, essentielles et primordiales des principes et des lois physiologiques, économiques et politiques, inhérentes à l'être individuel lui-même, tendances et lois sans lesquelles et en dehors desquelles la vie n'est pas plus possible ni stable, au sein d'une nation qu'au sein d'un individu, au sein de la commune qu'au sein de l'Etat.

§ 2. — Eh bien, l'*individualité humaine*, étant ainsi prise pour base et pour source de la souveraineté et de la justice au sein de l'humanité, comme la simple molécule est au sein de l'univers considérée comme la source et la base de toute gravitation et de tout équilibre; il faut donc que cette individualité puisse en tout temps manifester son action et sa puissance, sa souveraineté dans chacun des organes, dans chacune des fonctions gouvernementales de la société. Et pour que cette manifestation soit réelle et effective, constante et complète, régulière et normale, il faut que le *mode* d'expression et d'application en soit aussi général que libre.

Le seul moyen pour en arriver là, est le *suffrage universel*, car toute individualité humaine, représentant dans la société une *unité* de forces mentales et physiques, doit toujours, une fois existante, pouvoir manifester et appliquer sa puissance et sa volonté, sa *souveraineté* alors, individuelle ou collective, aussi bien dans chacune des branches que dans chacun des organes de l'activité humaine, aussi bien dans un et par *un*, que dans tous et par *tous*.

Nous définirons donc le suffrage universel, en disant que c'est la *manifestation sociale* de la souveraineté individuelle, mentale ou physique du citoyen. Sous le bénéfice de cette définition, nous avons maintenant à nous demander ce qu'est ou ce que représente la *sou-*

*veraineté individuelle ;* car tout **droit** pour être réellement inviolable et imprescriptible, indélébile et irréductible comme est la *souveraineté*, doit être l'expression d'un *fait* , lui-même aussi , autant irréductible qu'indestructible, d'un fait alors initial et immanent.

Eh bien, cette souveraineté individuelle dans l'ordre mental ou physique des sociétés humaines, est elle-même ainsi que nous l'avons vu, l'expression adéquate du fait de l'existence même de chaque individualité. Or, chaque individualité, arrivée à l'âge d'homme, soit vingt ans par exemple, représente au sein de la société une *réalité* effective et déterminante, une valeur active et générique, formée par un travail successif de vingt années, un capital, un être en un mot, capable de penser, de vouloir et d'agir.

Quel qu'il soit donc l'homme, même le plus pauvre, arrivé à vingt ans, représente une somme de valeurs, qu'il est dès lors aussi criminel d'amoindrir, que d'éliminer, parce que ces valeurs et ces forces ont couté à ceux qui ont travaillé à leur formation, à ceux qui les ont produites et crées, une somme de privations et de sacrifices, qu'il est en quelque sorte impossible de supputer et qui dès lors doit avoir dans le mouvement social, sa part générique et autonome d'action pleine et entière, par le *droit de suffrage*.

Voilà pourquoi, à moins de se rendre coupable d'un crime d'homicide, il est impossible d'attenter à la souveraineté nationale, en soumettant le droit de suffrage à d'autres conditions qu'aux conditions de réciprocité et d'équivalence des services sociaux qui en assurent la sincérité et la régularité.

Voilà pourquoi il est vrai de dire que le suffrage universel, expression la plus complète et la plus adéquate de la souveraineté individuelle et nationale, est comme cette souveraineté elle-même, inviolable et sacré.

Voilà pourquoi nous disons en dernière analyse, que attenter au suffrage universel, est attenter à la vie humaine elle-même dans sa manifestation sociale; voilà pourquoi chacun a droit de défendre son *droit de suffrage*, comme il a droit de défendre son *droit de vie*.

§ 3. — La souveraineté est et réside donc dans l'être individuel lui-même; son principe et sa source sont et résident dans la nature même de l'individualité humaine; de là son inviolabilité, qui dérive ainsi de l'inviolabilité même de la vie humaine.

Et il est tellement vrai que la souveraineté est et réside dans l'individualité et qu'elle *ne réside que là*, que la plus haute expression de la souveraineté dans une assemblée délibérante quelconque est l'*unanimité* vers laquelle tendent toujours tous les votes : or, qu'est-ce que l'*unanimité*, sinon l'assimilation de *tous* à *un*, sinon alors l'individualité elle-même élevée à sa plus haute puissance sociale.

La souveraineté est donc ainsi inaliénable et imprescriptible incessible et indélégable : elle ne prend fin qu'avec l'individu lui-même, par mort civile ou par mort naturelle, par indignité ou par incapacité.

Aussi quand on parle dans nos sociétés démocratiques viciées et gangrenées par les mœurs théocratiques et dynastiques, de relever les caractères et de leur donner une nouvelle trempe,... je ne vois pour moi rien de tel pour atteindre virtuellement et effectivement ce but et ces fins, que de faire du *droit électoral* la source d'une espèce de *noblesse-démocratique* par la qualification de *citoyen-électeur*, ajoutée ou retranchée au nom patronymique de chaque individu.

Je m'explique : Cette qualification ou cette privation, en attestant ainsi rigoureusement, aux yeux de la société, pour chacun de ceux qui en seraient revêtus ou privés, leur dignité morale et leur vertu civique, suffiraient amplement pour relever l'homme de l'abjection où depuis près dix-huit cents ans le maintient la prétendue humilité chrétienne, qui n'est et n'a jamais pu être qu'une servitude déguisée.

L'*inscription électorale* remplacerait ainsi dans la République, à vingt-un ans pour le citoyen, la *communion religieuse* de l'Église pour le fidèle; et la *qualité* d'électeur deviendrait dans nos sociétés démocratiques le *dignus intrare* de la vie civile et politique, accordée ou refusée, continuée ou retirée à chaque citoyen, suivant ses mérites ou ses démérites, suivant sa valeur ou son incapacité.

Alors, mais alors seulement, nous aurions des mœurs publiques et des institutions politiques; l'électorat en serait la noblesse, et les fonctions politiques ne pourraient jamais ainsi être accordées qu'aux plus dignes, puisque la *dignité électorale* serait elle-même la condition *sine qua non* de l'électeur, et partant de l'éligible.

Pour en revenir au caractère de la souveraineté, la personnalité humaine seule, ajouterons-nous, individuellement ou collectivement, par le suffrage universel direct, délègue et peut déléguer temporairement et spécialement l'*exercice* de sa souveraineté et non pas la souveraineté aux divers groupes sociaux, aux diverses entités sociales, *civiles*, *municipales* ou *nationales*, qui, sous le nom de *Jury*, *Commune*, *État*, ont seuls, en raison de leur caractère électif ou générique, virtuellement qualité pour recevoir le dépôt ou le mandat de *délégation*. Cette délégation périodique a pour but et pour fins d'appliquer et d'exercer la souveraineté, dans chacune des sphères respectives, par l'organe du jury, des conseils municipaux ou de l'Assemblée nationale, au règlement particulier ou réciproque des intérêts civils, municipaux ou sociaux des citoyens.

Que l'on veuille donc bien noter une fois pour toutes cette distinction essentielle et générique, cette nuance virtuelle et décisive, qu'il y a par le fait du suffrage, d'une part, entre la *représentation* de la souveraineté elle-même , et d'autre part entre la *délégation* de l'EXERCICE de cette souveraineté et non pas entre la délégation de la souveraineté elle-même, comme on l'écrit tous les jours, même officiellement.

L'oubli ou la confusion du sens de ces deux termes , *représentation* et *délégation*, comme l'emploi de l'un dans le sens de l'autre, et réciproquement, ont été, de tous temps, et sont encore, surtout de nos jours, en France, au sein de notre société démocratique, une des causes les plus profondes et les plus fréquentes du trouble, du désordre, du désarroi et de l'incohérence de notre vie publique et politique. Car le trouble dans l'entendement social d'une nation produit aussi fatalement le trouble et le désordre dans la vie sociale de cette nation que le trouble de l'entendement individuel d'un homme produit le trouble et le désordre dans la vie particulière de cet homme.

Nous allons tâcher, en résumant ce paragraphe, de rétablir un peu d'équilibre autant que de ramener un peu de clarté dans cette question si controversée de la souveraineté.

La souveraineté pas plus que l'âme ne se *délègue*, ni

ne saurait se déléguer. La DÉLÉGATION, pour l'une comme pour l'autre, pour l'âme comme pour la souveraineté, est une impossibilité physiologique et virtuelle, résolutoire et radicale, qui équivaudrait, pour le corps social, s'il pouvait *effectivement* déléguer sa souveraineté, comme pour le corps individuel, s'il pouvait *effectivement* déléguer son âme, à l'annihilation, à l'anéantissement même de l'être. Quand on délègue sa souveraineté, comme lorsqu'on rend son âme : c'est la mort.

La seule chose *commutable* et *délégable* de l'âme comme de la souveraineté, c'est « l'EXERCICE *ou* l'*application de leur action, de leur puissance, de leur volonté, sous tel ou tel mode déterminé.* »

Transmis directement par l'élection (1) des *députés*,— seuls REPRÉSENTANTS, seule incarnation de la souveraineté, et dès lors *seuls* inviolables,—aux *Jurys*, *aux Conseils municipaux*, à l'*Assemblée nationale*, l'EXERCICE OU l'APPLICATION de l'action de cette puissance, de l'effet de cette cause, de la *volonté* du SOUVERAIN, en un mot, peuvent seuls se déléguer et se délèguent effectivement aux divers organes du corps social, de la société, pour ses besoins et ses services, pour le fonctionnement de la vie sociale.

(1) Nous n'osons dire *sélection!* et pourtant cette expression s'adapterait parfaitement à l'idée qui, par le *triage* du scrutin, préside à la formation de cet être : une ASSEMBLÉE, qui est comme un raccourci, une projection de la nation (projection civile, municipale ou nationale), à travers le prisme sélecteur du suffrage universel.

Ce qu'on disait autrefois des Parlements par rapport aux Etats-généraux, et qui eut été bien plus vrai des Etats-généraux par rapport à la nation, nous croyons qu'on peut parfaitement l'appliquer à l'Assemblée nationale, en disant que c'est : « *la nation au petit pied.* »

Les seuls *représentants* de la souveraineté sont donc les divers DÉPUTÉS :

Députés du département, au jury;

Députés de la commune, au conseil municipal;

Députés de la nation, à l'Assemblée nationale.

Les divers organes *dépositaires* de la volonté du souverain sont :

Les jurys, pour chaque département;

Les conseils municipaux, pour chaque commune;

L'Assemblée nationale, pour la nation toute entière.

Les *mandataires exécutifs* de cette souveraineté sont : le *Juge*, le *Maire*, l'*État*, qui, chacun dans leur sphère, sont, sous leur responsabilité personnelle devant leur organe respectif, chargés par eux de faire exécuter, par des agents de leur choix, et comme eux personnellement responsables, la *loi*, expression de la souveraineté.

§ 4. — Dans la démocratie, la souveraineté, ainsi que nous venons de l'établir, résidant dans chaque individualité et en dérivant et de plus, la souveraineté elle-même étant indélégable et incessible : toute fonction qui a pour but et pour fins l'*exercice* de la souveraineté est et ne peut qu'être *élective* et *temporaire*.

De plus aussi l'*élection* du fonctionnaire revêtu de cette prérogative doit et ne peut être faite que par la collectivité des électeurs, qui se trouvent respectivement compris dans les limites ou dans le ressort de la sphère où la souveraineté doit s'exercer.

Or, ainsi que nous le verrons plus loin dans le fonctionnement de la vie sociale, il n'y a que deux sphères, deux entités, qui, en dehors des questions *sociales*, nationales et générales de justice, d'impôt, d'éducation et d'hygiène, soient génériquement attributives de souveraineté, et au sein desquelles la souveraineté s'exerce pleinement alors dans chacune des phases de la vie sociale pendant la paix et pendant la guerre : ces deux sphères sont celle de la *Commune* et celle de l'*Etat*.

La Commune étant ainsi génériquement souveraine, chaque commune doit toujours nommer son magistrat, son *maire*, au sein du conseil municipal, par le conseil municipal, et pendant la paix exercer elle-même, par la municipalité ainsi constituée, la pleine et entière souveraineté dans sa sphère.

De même la nation étant *socialement* souveraine doit, quand la société est menacée, nommer alors son magistrat suprême pendant la guerre, son *dictateur*, au sein ou en dehors de l'Assemblée nationale et par l'Assemblée nationale et exercer elle-même par l'Etat ainsi constitué pendant la guerre la pleine et entière souveraineté en dehors comme en dedans des frontières.

Donc, toute prétention à la nomination des maires par un prétendu *pouvoir-central*, qui ne doit pas exister et qui n'existe même pas au sein de la démocratie pour cet ordre de faits dans l'état de paix, outre alors que ce serait une négation du principe même de la démocratie et dès lors une pure réminiscense, une importation du principe même de la théocratie, une telle prétention, disons-nous, serait une usurpation du principe et partant de l'exercice de la souveraineté, une violation de la souveraineté elle-même.

Une telle conception, une telle organisation gouvernementales ne sont ni républicaines ni démocratiques, mais purement de traditions monarchiques et théocratiques.

Quand donc sortira-t-on franchement enfin de cette ornière, où l'on ne fait que verser depuis tantôt un siècle.

Le gouvernement de la République ayant pour but et pour fins d'assurer et de garantir par la décentralisation la souveraineté à chacun et à tous au profit de la société, ce but ne peut être atteint qu'en laissant à chacun et à tous leur part de souveraineté, en même temps que leur part dans l'exercice de la souveraineté.

Le gouvernement de la monarchie, au contraire, ayant pour but et pour fins d'assurer et de garantir par la centralisation la souveraineté exclusivement à un et à un seul au préjudice de la société, ce but ne peut être atteint qu'en dépouillant individuellement ou collectivement chacun des membres de la société de sa part de souveraineté autant que de sa part d'exercice de la souveraineté : la logique de l'un est dans la *centralisation*, la logique de l'autre dans la *décentralisation*.

C'est donc être aveugle ou coupable que prétendre fonder *la République* en dépouillant la Commune de sa souveraineté. Car c'est là et ce n'est même en quelque sorte que dans cette prérogative de la souveraineté communale, que la démocratie, que toute société démocratique peut trouver et trouve effectivement le seul frein capable de prévenir toute usurpation comme toute oppression, de déjouer toute conspiration comme toute intrigue, d'où qu'elles viennent et d'où qu'elles partent, d'une dynastie ou d'une assemblée.

Cette prérogative qui, au sein d'une nation, fait de chaque commune autant de forteresses de la souveraineté, forteresses qui, par leurs infinies variétés, s'équilibrent en s'annihilant entr'elles, est le plus solide rempart qu'un peuple puisse opposer à tout coup de main, à n'importe quelle tentative d'usurpation, parlementaire ou dynastique.

Hors de là toute garantie *juridique* ou *administrative* n'est qu'illusoire et factice : tout droit individuel manquant de sanction quand il n'a pas de force à son appui. Une république de ce genre ne serait et ne peut jamais être qu'une *serre-chaude* de la monarchie ; on a raison de l'appeler *conservatrice*, parce qu'en effet c'est une fameuse *conserve* pour ce légume dynastique.

L'absolutisme de la monarchie, la monarchie elle-même ne s'est fondée en France que sur les ruines des libertés municipales et de la souveraineté communale, confisquées l'une et l'autre par le monarque et tour-à-tour remplacées par les *délégués* du pouvoir central, soit au nom d'une dynastie de droit divin, soit au nom d'une dynastie plébiscitaire.

L'histoire, à défaut de logique, ne nous servira donc jamais à rien en France !

§ 5. — La souveraineté n'est donc pas plus, on le voit, le résultat d'une abstraction numérique quelconque, *majorité* ou *minorité*, qu'une conception métaphysique ou spéculative, hypothétique ou surnaturelle, mais la réalité même objective et subjective de l'être, la morale, la règle par excellence, la justice (1). Et cette

(1) *Jus est suum cuique tribuere.* (Ulpien.)

*Justicia est animi habitus communi utilitate comparata, suam cuique tribuens dignitatem* (Cicéron.)

— La *justice* est l'expression du rapport mutuel de chacun à chacun (hommes et choses), et la *souveraineté* est la consécration sociale de ce rapport.

Le *droit*, c'est le FAIT immédiat et normal se dégageant librement du mouvement et de l'équilibre naturels des choses sous l'action de

réalité est si incontestable et d'une fatalité si puissante, qu'à elle seule est attachée et d'elle seule dépend toute l'existence sociale ; comme de la réalité et de la fatalité de l'âme dépend toute l'existence individuelle.

La souveraineté, on le voit encore, ne peut pas plus être tirée pour sa source d'une *législation* humaine proprement dite, que d'une *législation* divine, d'une *Écriture-profane* que de l'*Écriture-sainte*, d'une urne électorale que de la Sainte-Ampoule. Elle est l'expression d'un rapport insaisissable, intangible, mais non moins sensible et compréhensible, non moins inéluctable et fatal; elle est l'expression d'une réalité, elle est l'Être lui-même, tel que le font à la fois les lois physiologiques de la nature par la génération et les lois morales de la société par l'éducation, puisque, une fois reconnue et consacrée dans et par la *constitution*, la souveraineté donne et conserve la *vie* à la société en en distribuant tour à tour et concurremment, soit à l'individu, soit à la commune, soit à l'État, leur part attributive spéciale, proportionnelle et générique.

Elle est parce qu'elle est, comme la *pesanteur*, que nous ne voyons nulle part, mais que nous sentons partout, et pas plus le suffrage universel que le suffrage restreint n'ont su ni ne sauraient pas plus la détruire que l'infirmer. La seule expression sociale complète et adéquate sous laquelle elle se révèle et puisse effectivement

la péréquation individuelle de chaque chose : la consécration sociale du droit au sein d'un peuple, c'est *la justice*.

L'accomplissement de cette consécration, attribut spécial et générique de la souveraineté, est à la fois la plus auguste prérogative dont un citoyen puisse être revêtu par l'élection, et la plus haute fonction qu'il puisse alors exercer au sein d'un peuple : il devient *juge*.

se révéler, au sein de l'humanité, entre l'individu et la société, son efflorescence naturelle et plastique en quelque sorte, est la *République*; absolument comme la seule expression scientifique complète et adéquate sous laquelle la pesanteur se révèle et puisse effectivement se révéler, au sein de la nature, entre un atome et les mondes, est l'*Univers*.

On voit ainsi combien il est essentiellement faux, au point de vue juridique et républicain comme au point de vue social et physiologique, de dire, comme on l'a fait jusqu'à nos jours et principalement depuis Rousseau et le XVI^e^ siècle, que la souveraineté a sa source et réside dans *l'universalité et l'indivisibilité* de la nation. Ce ne serait dans cette acception qu'une transformation de l'absolutisme, un déplacement, une transmutation du principe d'autorité ; de *un* on le ferait multiple. On opprimerait, disons mieux et *euphémiquement* alors, on gouvernerait au nom de la démocratie, au nom d'un *nombre* quelconque, au lieu d'opprimer ou de *gouverner*, au nom de la monarchie, au nom d'une unité spéciale ; mais le mode de gouvernement ou d'oppression n'en serait pas autre, dans l'un ou l'autre système, puisque son principe n'aurait pas changé de nature. Et, c'est du reste, ce qui est malheureusement arrivé depuis 1789 ou du moins depuis 1794.

Cette définition serait la négation pure et simple, non seulement argumentative, mais surtout effective, la confusion de toute volonté, de toute puissance individuelle, de toute autonomie, de toute indépendance, de toute SOUVERAINETÉ, qui n'est en dernière analyse, que la mise en action sociale de la volonté individuelle de la conscience, de la justice.

Ce serait la négation de tout principe de *self-gover-*

*nment*, l'anéantissement même du principe juridique de la conscience humaine, du *moi-républicain*, seule source, ainsi que nous croyons l'avoir établi du droit et de la souveraineté individuelle ou sociale ; car pour que la souveraineté même restreinte, pût logiquement et virtuellement avoir sa SOURCE, dans la *collectivité* de chaque pouvoir local ou dans la collectivité du pouvoir de l'État (s'il était vrai, ainsi que le prétendent Rousseau et principalement les écrivains de la réforme, que la souveraineté résidât et ne résidat que dans *l'universalité* et *l'indivisibilité* de la nation), il faudrait que chacun de ces pouvoirs locaux ou que le pouvoir général de l'Etat, fussent chacun nommés par *l'unanimité et l'ensemble* de la nation, une et indivisible.

Or, qui ne voit que pour être logique, il faudrait organiser l'anarchie. Car, que serait-ce autre chose, autant de pouvoirs égaux et également puissants, également souverains, également forts, puisque chacun d'eux, pour être *légitime*, devrait ainsi être et serait effectivement une émanation directe de *l'universalité indivisible* de la nation.

C'est, du reste, le résultat auquel arrive fatalement et génériquement la monarchie au sein de laquelle tout pouvoir, pour être légitime et s'exercer légitimement, doit hiérarchiquement ou directement émaner du monarque, roi ou empereur, par la grâce de Dieu ou des plébiscites.

---

## CHAPITRE II.

§ 1. — Il n'y a donc dans la démocratie et sous le gouvernement républicain, aucun pouvoir *supérieur* ni *inférieur*. Il n'y a que des *entités* partielles d'un même tout, entités sinon égales, du moins équivalentes et s'équilibrant entre elles, en raison de la masse de souveraineté individuelle ou collective qu'elles renferment et qu'elles représentent, dans leur *autonomie* respective.

Chacune de ces *entités* dans la sphère où elle gravite égale en *droit* à l'autre, chacune étant un composé, une agrégation d'individualités, de molécules similaires, ne diffère donc que par la spécialisation et le caractère, par l'attribution et la localisation, par l'incidence et l'étendue de la souveraineté que chacune exerce autonomiquement dans sa sphère respective, ainsi que nous venons de l'indiquer : le citoyen dans la vie civile par le jury, la commune dans la vie municipale par le conseil municipal, l'état dans le vie sociale par l'Assemblée nationale.

La puissance où l'étendue, le rayonnement où l'intensité de la souveraineté de chacune de ces entités dans sa sphère respective où elle est entière, génériquement parlant, s'exerce là dans chacun de ces milieux sociaux en raison de la masse ou du nombre d'unités qui concourent à la formation ou à la manifestation de ladite souveraineté. L'étendue ou le ressort de la souveraineté sont donc directement proportionnels aux limites même des circonscriptions ou des sphères dans lesquelles chacune de ces entités est appelée à se mouvoir.

Or, ces circonscriptions ou ces sphères étant physiologiquement, économiquement et politiquement déterminées par la nature même de la nation, de la commune et du citoyen, on voit que dans ce système de *gravitation sociale*, nul conflit de pouvoir n'y est pas plus possible que nul cataclysme au sein de l'univers, car, là, au sein de la société tout est régi par les lois immuables et générales de la gravitation et de l'attraction sociales dans un individu comme au sein des communes ; de même qu'ici au sein de l'univers tout est régi par les lois immuables et universelles de la gravitation et de l'attraction physiques dans un atôme comme au sein des mondes.

Chacune de ces puissances, chacune de ces entités, étant ainsi relativement souveraine dans sa sphère, il faut donc que tout ce qui pourra être fait et bien fait isolément dans leur orbite respectif par chacune d'elle et sans le secours réciproque de l'une ou de l'autre, sans faussement ou sans déviations des lois générales de la justice, de l'éducation et de l'hygiène publiques, le soit effectivement et définitivement. Chacune d'elle doit donc être pour les intérêts qui naissent et meurent, pour ce qui se produit et se consomme dans son orbite et sa sphère, souverain, législateur et juge.

§ 2. — Pour que le gouvernement de la nation par la nation soit et devienne effectif et que la souveraineté reste et se conserve toujours intacte et pure dans toute son intégrité, dans toute son universalité, il faut que chacune des entités, constitutives et génériques de l'être social (individu, commune et état), exerce respectivement sa pleine et entière puissance, c'est-à-dire que dans la sphère où elles sont respectivement appelées à se mouvoir et à agir, chacune d'elle soit entièrement souveraine dans chaque ordre des faits locaux et partiels de la vie sociale en ses divers points autonomes du territoire. Là est la vraie *division des pouvoirs*, où comme nous l'avons déjà appelé dans l'organisme républicain, la *peréquation de la souveraineté*, qui consiste ainsi en ce que, dans l'ordre politique, comme dans l'ordre économique, dans l'ordre mental comme dans l'ordre physique, chacun conserve ses attributions initiales et particulières, pour les exercer respectivement en vue de l'utilité générale et commune dans la plénitude absolue de sa puissance relative et locale sans rien en disjoindre.

En d'autres termes, il faut que dans la commune, les conseils municipaux ou l'assemblée communale, organes de la volonté souveraine de cette entité, au même degré que l'Assemblée nationale dans la nation, puisque l'une et l'autre sont une expression directe et proportionnelle de la *souveraineté*, ici générale, là locale ; il faut disons-nous que chacune d'elle puisse décider souverainement de chaque intérêt et de tous, comme de chaque portion d'intérêts et de toutes, de quelqu'ordre que soient ces intérêts ou ces portions d'intérêts, car ce qu'il y a de limité et de circonscrit dans l'Assemblée communale par rapport à l'Assemblée nationale, dans la commune, par rapport à la nation, ce n'est pas, ce ne saurait être ni le nombre ni la nature des intérêts à débattre, mais une *portion*, une *étendue* quelconque de ces intérêts, leur application spéciale, leur autonomie ; et ce qui les sépare et les différencie encore l'une de l'autre, ces assemblées, ce sont les limites dans l'*administration* et non pas les limites dans la *connaissance* de la chose publique.

Cette attribution et cette application, cette péréquation de la souveraineté, repose donc comme la souveraineté elle-même sur le principe de l'inviolabilité humaine ou de la liberté individuelle la plus absolue et ne trouve ses limites que dans la subordination des forces particulières et partielles et dans leur coordination avec les forces générales et communes, c'est-à-dire que la puissance ou les fonctions spéciales du citoyen, de la commune et de la nation, doivent respectivement pouvoir s'étendre et s'exercer, au point de vue autonomique, dans n'importe quel ordre d'idées et de faits jusqu'au point où une plus grande extension y menacerait l'existence générale et collective de la société, ou pour mieux dire l'existence de l'être social lui-même, troublerait l'exercice de la puissance et des fonctions sociales *générales*, et dès lors ruinerait par conflit ou désordre, par des chocs ou par des entraves, la vie générale et commune.

De même alors, que la souveraineté individuelle doit être plus spécialement conservée dans la commune, comme base et principe de la vie communale, de même la souveraineté communale doit être plus spécialement conservée dans l'Etat comme base et principe de la vie nationale. Dans la coordination de ces deux mouvements et dans l'équilibre de ces deux forces se trouve le développement normal de la société.

Là est le problème de ce que nous avons appelé la *péréquation* de la *souveraineté*; et cette péréquation,— appuyés sur l'expérience et la logique, nous osons l'affirmer,—ne peut nous être donnée que dans et par la

République, où chaque entité souveraine (individu, commune et nation) est et reste toujours à sa place générique et initiale, pour y graviter dans sa sphère naturelle et autonome.

§ 3. — Il y a donc une *mesure* immanente et irréductible, une règle commune exacte et précise du rapport de ces trois puissances essentielles, de ces trois entités génériques entre elles, qui fixe et détermine leur fonctionnement autonome suivant les principes constitutifs et génériques communs aux unes et aux autres. Cette commune mesure, cette règle absolue, cette équation suprême est la *loi*, or, chacun la possède en soi et par soi, ainsi que nous l'avons établi en commençant, objectivement et subjectivement, dans le fait même de son individualité et de son existence par sa conscience et sa raison, par la *justice*, qui, *donnant* à chacun *la mesure exacte de ce qui lui revient, de sa capacité individuelle, lui donne ainsi la mesure exacte de ce qui revient à tous*, et partant peut être appelée ce qu'elle est effectivement « *la commune mesure de la capacité sociale de chacun et de tous.* » De plus, le champ de l'action ou de la capacité sociale de chacun ne renfermant que des phénomènes dont l'homme seul est à la fois le sujet et l'objet, la source et la fin, il s'en suit que la raison est là absolument et pleinement compétente; car cette certitude, cette mesure expérimentée dans l'*infiniment grand* de l'être social, est aussi en quelque sorte toujours vérifiée par lui dans l'*infiniment petit* de l'être individuel et réciproquement, par le fait même de la péréquation de l'être.

§ 4. — Pour résoudre cette question de *statique*

*sociale*, une fois, bien entendu, le principe démocratique de l'individualité humaine, source exclusive et initiale de la souveraineté, admis et accepté comme principe fondamental et générateur de toute vie sociale, de tout ordre politique, il n'y a donc qu'à *laisser* se manifester cette souveraineté par l'organe de chacune des *entités* constitutives et génériques, originelles et initiales de l'être social (individu, commune, nation) pleine et entière dans chacune de leur sphère respective. L'action de la souveraineté, dans l'être social, se produira alors absolument comme l'action de la volonté dans l'être individuel, où l'action de l'organe le plus infime et le plus secondaire, se produit aussi librement et aussi pleinement que l'action de l'organe le plus important et le plus fort; l'effet de l'un se coordonnant naturellement avec l'effet de l'autre, tout simplement parce que le mouvement physiologique de l'un, pas plus que le mouvement physiologique de l'autre n'ont été ni gênés ni faussés dans leur cause initiale respective.

S'il a fallu dans le corps humain, à l'organe qui secrète le fiel par exemple un peu de sang pour *bien* le secréter, la masse ni la circulation du sang, ni le mouvement de l'organe qui secrète le sang n'en ont été ni troublés ni viciés. Eh bien, de même dans le corps social, s'il faut à l'organe qui secrète les intérêts municipaux de la vie communale, *un peu* de vie sociale, pour bien sécréter la vie communale, il est évident que ni la masse, ni la circulation, ni le mouvement de l'organe qui secrète la vie sociale toute entière ne sauraient en être ni atteints ni infirmés.

Et pour continuer notre comparaison, si le mouvement du cœur ne gêne pas plus le mouvement des poumons, que le mouvement de la tête celui des bras et certes dans un ordre bien différent, n'est-il pas de toute évidence que la vie de la commune ne gênera pas plus la vie de la nation, que la vie individuelle la vie sociale. Le genre de mouvement ou de fonctionnement de chacun de ces organes ou de chacune de ces entités est, du reste, ainsi que nous le verrons dans le livre suivant, parfaitement déterminé aussi par la nature même de l'ordre de chose auquel se rapportent et que produisent *sui generis* ces entités ou ces organes : l'un dans la *paix* est tout intérieur tout interne, l'autre dans la *guerre* est tout extérieur tout externe.

Dans tous les régimes donc où ces divers mouvements ne pourront se manifester chacun dans sa plénitude, sans frottements, et sans chocs, sans gêne et sans entraves, sans troubles et sans désordres, on peut hardiment affirmer que le régime est faussé et vicié autant dans ses bases que dans sa constitution, dans son principe que dans ses lois et que la société n'est pas assise sur *la justice :* **UBI LIBERTAS, IBI JUSTICIA.**

La *loi sociale*, alors la *constitution* d'une société, est donc en quelque sorte comme une immense atmosphère de justice et de liberté, au sein de laquelle gravitent dans un même mouvement vital coordonné et harmonique, les diverses entités individuelles ou collectives de cette société, une fois déterminés le nombre et le caractère des entités qui y concourrent et qui y entrent.

D'où l'on voit que de même que l'ordre et l'harmonie de l'univers reposent sur le principe physique « de l'équilibre des « liquides dans les vases communiquants, » de même l'ordre et l'harmonie de la société reposent sur le principe physiologique « de l'équilibre

« des forces individuelles et collectives des diverses en-« tités dans les milieux sociaux en libre communication « entre eux, » équilibre qui est troublé dès que l'une quelconque desdites entités en s'isolant tend à sortir de son milieu, de son orbite.

Cause initiale du mouvement et de la vie dans l'humanité même, cette LOI, pour rappeler des paroles célèbres (1), transmises et conservées de générations en générations depuis deux mille ans et plus... « Cette « loi ne saurait être contredite par une autre, ni rap-« portée en quelque partie, ni abrogée tout entière. « Ni le Sénat ni le Peuple ne peuvent nous délier de « l'obéissance à la *loi*. Elle n'a pas besoin d'un nouvel « interprète ou d'un organe nouveau. Elle ne sera pas « autre dans Rome, autre dans Athènes; elle ne sera « pas demain autre qu'aujourd'hui, mais dans toutes « les nations, dans tous les temps, cette *loi* règnera « toujours, une, éternelle, impérissable ; » parce qu'elle est, ajouterons-nous, la *péréquation* physiologique même de l'être, la consécration sociale de la vie même de l'homme, ce monument impérissable de la création.

Et pour le dire, en terminant dans ce livre ce qui a rapport à la souveraineté au sein des sociétés humaines, l'église, qui depuis dix-huit cents ans et plus, s'épuise à séquestrer et à absorber, à contraindre et à retenir cette souveraineté en son sein et dans ses seules mains, en en faussant l'origine autant que le caractère sous la pression providentielle, d'où elle prétend la dériver

(1) Cicéron. *De Republica*. — C'est aussi la loi telle que l'avait conçue le stoïcisme. (Voir note 1, page 4.) C'est la loi républicaine : la *souveraineté humaine*.

pour la soumettre à ses principes et à ses lois théocratiques et dynastiques ; l'église, disons-nous, devrait ce me semble, être convaincue par une si longue et si réfractaire expérience des sociétés et des individus toujours rebelles à ses contraintes et à ses entraves, de l'inanité de ses efforts autant que de son impuissance et de son incapacité virtuelles et juridiques à ces fins, et laisser alors sans conteste la société s'organiser et se développer librement sous la pondération et la péréquation naturelles des principes physiologiques et économiques de l'être humain ; principes et lois contre lesquels nous le lui disons hautement et fermement : Rien ne saurait prévaloir... Rien, pas même ELLE ! Car en eux et en eux seuls se trouvent et résident la source et le principe, les causes initiales et finales de la vie ; sources, principes et causes, que l'église impuissante à les anéantir a toujours répoussés, réprouvés et condamnés, et qui, aujourd'hui comme aux jours de Galilée devant ses bourreaux, se redressent encore et toujours triomphants et victorieux devant elle, pour l'accuser et la combattre au nom même de la justice et de la liberté.

---

# COROLLAIRE

§ I.—En résumant les considérations qui précèdent et qui font l'objet de ces deux premiers livres, en rapprochant dans ces théories, les principes et les lois de leur divers fonctionnements sous l'organisation démocratique

que nous cherchons à établir sous le nom d'*individualisme*, par opposition à l'organisation théocratique de l'ancien ordre de choses sous le nom de *catholicisme*, nous dirons :

La *personalité humaine* est le *fait* irréductible et immanent, la source et la base de l'organisme de toute société démocratique sous la forme républicaine.

L'*inviolabilité humaine*, consécration sociale de ladite personnalité, est le principe fondamental, initial et final du fonctionnement individuel ou social de toute économie, de toute politique, de toute législation républicaine.

La *souveraineté*, manifestation instinctive et consciente de ladite inviolabilité, est la loi suprême suivant laquelle par la *décentralisation* pendant la paix (1), et la *centralisation* pendant la guerre à l'intérieur ou à l'extérieur, se règle et se maintient le fonctionnement social par la péréquation de la justice et de la liberté.

§ 11. — Dans toute société démocratique, sous la forme républicaine, il y a ainsi trois ordres de fonctions normales et irréductibles, dérivant génériquement de trois sources, de trois entités initiales et autonomes, au moyen desquelles par le *suffrage universel* se manifestent et s'exercent concurremment :

La souveraineté individuelle du citoyen par le jury ;

La souveraineté municipale de la commune par la municipalité ;

La souveraineté nationale de la nation par l'assemblée nationale.

(1) Voir livre III.

Il faut donc sous la pondération sociale de la *justice*, loi suprême et commune équation des forces individuelles et sociales, laisser chaque entité, *citoyen*, *commune et nation*, faire dans sa sphère respective tout ce que seule elle peut isolément faire et bien faire. Dans ce mouvement simultanément coordonné et harmonique du *corps social* pas plus que dans le mouvement simillaire du *corps individuel*, ainsi que nous l'avons établi, nul conflit n'est possible, du moment que là comme ici, chaque organe, le plus infime ou le plus secondaire, comme le plus important ou le plus fort, fonctione et se meut librement suivant sa nature ou sa capacité, suivant ses causes initiales : l'un, en effet, est physiologiquement contenu et réciproquement limité par l'autre, parce que ni l'un ni l'autre n'ont été ni gênés ni faussés dans leur formation pas plus que dans leur action. L'équilibre des forces sociales s'établissant naturellement par la péréquation des corps mêmes qui les produisent, *laissés libres*.

La société n'étant formée que pour la conservation et l'accroissement de l'individu, il faut donc que, dans leur sphère respective, ni le jury, ni la municipalité, ni l'assemblée nationale, ne puisse respectivement rien entreprendre de contraire à l'intérêt général et commun, à l'intérêt social et public. Or, leur souveraineté, déterminée par leur nature même et réglée par la *loi sociale*, conjugué harmonique de la souveraineté initiale de chacune de ces trois causes, *ne peut* ainsi jamais sortir de l'orbite où elle s'exerce, chacune s'y mouvant proportionnellement à sa masse ou à sa capacité.

Ces trois *corps* particuliers, au sein de la nation, doivent alors sous la pondération sociale de la *justice*, accomplir, dans leur sphère respective, leur œuvre particulière coordonnée avec l'œuvre générale, comme chaque planète au sein de la nature sous la pondération physique de la *pesanteur*, accomplit dans son orbite respectif ses divers mouvements particuliers coordonnés avec le mouvement général. Et si, jusqu'à nos jours, l'humanité a roulé de catastrophes en catastrophes, c'est qu'elle n'a eu pour guider sa marche et régler son mouvement, que des astrologues au lieu d'avoir des astronomes, des politicologues au lieu d'avoir des politiconomes, des sectateurs au lieu d'avoir des législateurs qui, ignorant surtout ou méconnaissant la loi essentielle et générique de la vie sociale, qui est la *liberté*, l'ont fait constamment devier de son centre de gravitation qui est l'*individu* et de son axe qui est la *justice*.

## L'Éducation

§ 1. — Tout reposant sur l'*individu*, et tout en dérivant, la vie individuelle et partant la vie présente ne peut être que le but et la fin de la vie sociale, car sans individu la société ne saurait exister. Or, la mort nous enlevant la conscience de notre individualité, ce qui se passe au delà de la tombe ne saurait entrer comme cause déterminante dans la vie sociale présente.

Les forces et l'intelligence de l'individu, leur direction et leur emploi, leur nature et leur esprit, la formation mentale de l'individu suivant la loi sociale, son *éducation* en un mot, est donc ce qu'il y a dans la société de plus essentiel et de plus intime, de plus important et de plus utile (1). Or, les forces et l'intelligence de l'individu, la *génération morale* de l'être, ne pouvant être formés et s'accomplir que par l'*éducation*, l'éducation doit être avant tout et surtout virtuellement

(1) « Si l'éducation civile était organisée, écrivait l'illustre Turgot à Louis XVI, j'ose répondre à Sa Majesté que dans dix ans sa nation ne serait pas reconnaissable... Votre Majesté aurait alors un peuple neuf et le premier des peuples. Au lieu de la corruption, de la lâcheté, de l'intrigue et de l'avidité qu'elle a trouvés partout, elle trouverait partout la vertu, le désintéressement, l'honneur et le zèle. Il serait commun d'être homme de bien. »

(*Œuvres de Turgot, passim.*, t. II, p. 508, 549.)

Le lecteur peut se reporter aux immenses travaux, hélas ! si prématurément délaissés, que nos grandes assemblées révolutionnaires, depuis la Constituante jusqu'à la Convention, depuis Talleyrand jusqu'à Condorcet, ont accumulés sur cette question vitale, sur cette *Révolution du pauvre*, comme l'abbé Grégoire appelait l'instruction publique.

L'instruction agrandit sans cesse la sphère de la liberté civile, et peut seule, en même temps, maintenir la liberté publique contre tout espèce de despotisme, disait Talleyrand, dans son rapport de 1791.

Il n'y a pas même jusqu'à ce crépuscule menteur de 1830, où nous trouvons dans le rapport de M. Cousin, en 1832, soit comme un vague écho de l'époque révolutionnaire, soit comme une prophétie des aspirations de l'époque actuelle sur cette question de l'instruction obligatoire, les paroles suivantes : « De tous les moyens d'ordre intérieur, le plus puissant est l'instruction générale. C'est une sorte de conscription intellectuelle et morale. En Allemagne, chaque village a son maître d'école. Je suis convaincu, qu'un temps viendra où l'instruction populaire sera reconnue aussi parmi nous comme un *devoir social* imposé à tous dans l'intérêt de tous.

— Ce *devoir social* est aujourd'hui le corollaire fatal de la *souveraineté sociale* : ce qui nous étonne, c'est que M. Cousin n'ait pas eu l'air de se douter que la Révolution avait, avant lui, *reconnu* l'éducation comme un devoir social.....

nationale et civique, professionnelle et positive dans son caractère comme dans ses fins.

Et si l'on vient nous dire que nous fixons le but de la vie humaine aux limites de la vie présente, que nous *rabaissons?*... ce qu'on appelle les aspirations de l'âme aux réalités de la vie terrestre... etc..., etc.... Nous répondrons que quel que soit du reste notre sort au delà de la tombe, — et depuis l'*origine* du monde, on n'a jamais pu pour cette question trouver que le vide et le doute.... — L'église sur ce point n'en sait pas plus que nous.

De plus même, en jugeant de la valeur des doctrines de l'église, sur la nature et les fins de la vie à venir, valeur dont on ne peut juger qu'*à priori*..., par la valeur de celles qu'elle a toujours confessées et pratiquées sur la nature et les fins de la vie présente qu'elle a faite à son image, il faut avouer que nous ne ferions pour celle-là sous son égide que ce que l'on a toujours fait pour celle-ci sous son égide aussi... fausse et bien mauvaise route.

Car, quoiqu'en pensent l'Inquisition ou le Syllabus, la Bible ou le Sacré-Collége, — Archimède et Aristote, Galilée et Descartes, Montesquieu et Condorcet, ont été et sont encore pour l'humanité des guides plus clairvoyants et plus sûrs que les saint Thomas et les saint Vincent de Paul, que les saint Augustin et les Bossuet; c'est du moins ainsi qu'on en juge depuis la Renaissance et la Révolution française, et c'est aussi, il faut bien le reconnaître, ce dont les progrès accomplis par l'humanité sous l'impulsion de ceux-là, et le recul qu'elle a chaque fois éprouvé sous la pression de ceux-ci, ont pu la convaincre elle-même.

Une fois donc individuellement et physiologiquement

engendré par la famille; la société, « la *patrie,* notre « mère bien avant la femme, qui nous a donné la vie, « comme dit Cicéron, » doit à son tour, socialement et nationalement former l'homme par l'éducation, pour en faire un *citoyen.* Montesquieu, du reste, a exprimé à peu près la même pensée quand il a dit : « Les lois de « l'éducation sont les premières que nous recevons, et « comme elles nous préparent à être citoyen, chaque « famille particulière doit être gouvernée sur le plan de « la grande famille, qui les comprend toutes. » L'éducation appartient donc par droit social à l'*État.*

§ 2. — On voit ainsi quel respect mérite toute institution qui, sous un prétexte ou sous un autre, ne tend à rien moins qu'à infirmer et à affaiblir, à fausser et à vicier l'intelligence et les forces de l'individu, en leur donnant un tout autre objectif que la patrie, qu'elle élimine en s'y substitant elle-même par l'absorption et l'anéantissement en son sein de toute famille et de toute propriété.

Au lieu en effet, de chercher sur la terre les principes d'après lesquels les hommes doivent eux-mêmes régler leurs actions, puisque ces actions n'ont d'autres limites et d'autre but que les limites et le but de la vie elle-même; la religion les cherche dans les cieux où nous ne pouvons ni atteindre, ni voir. Au lieu de fonder la morale sur les rapports sensibles qui subsistent naturellement et économiquement entre les hommes, elle les fonde sur des rapports qu'elle imagine subsister entre les hommes et des puissances inconnues, qu'elle a soin de placer dans les régions inaccessibles de l'empirée, pour mieux ensuite modifier ces rapports à son gré, suivant ses convenances et l'opportunité.

Une crédulité stupide, qui jamais ne raisonne, l'espérance vague d'une félicité idéale, dont cinq à six mille ans n'ont fait qu'accroître le *mirage*, une humilité rampante, propre à briser tout ressort dans l'âme, des austérités, des abstinences, des *supplices?* volontaires, voilà les perfections merveilleuses auxquelles tout *bon croyant* doit s'efforcer d'atteindre. Voilà ce que l'église enseigne à nos enfants comme d'inspiration divine pour en former des hommes et des citoyens, après avoir eu soin toutefois d'écarter pieusement de leurs mains et de leur esprit, les doctrines et les enseignements des Montesquieu et des Voltaires, des Rousseau et des Volney, comme des productions de l'enfer...

Nous répudions et nous repoussons, nous républicains et patriotes, à notre tour, nous citoyens et Français, de pareilles hallucinations et de pareilles billevisées, de pareilles hypocrisies; nous les repoussons et les condamnons surtout au nom de notre dignité d'hommes et de patriotes, parce qu'elles n'ont jamais pu, comme elles ne peuvent encore que fausser et pervertir le sens moral et l'instinct patriotique.

L'État n'a mission d'enseigner que des vérités utiles et incontestées, évidentes et pratiques, et en parfaite conformité avec l'intérêt public et social, seule loi suprême d'un peuple.

Aussi les *droits* que la société, disons mieux, que l'*État* a en ce sens et à ses fins sur la vie intellectuelle et physique de l'individu, de *chaque* citoyen et de *tous*, sur la formation et la direction de son intelligence et de ses forces, *droits* qui, en langage administratif, se traduisent par l'instruction et le service *obligatoires*, ou mieux encore, pour appeler les choses par leur véritable nom, ces *atteintes* à la liberté individuelle et à l'inviolabilité de la vie humaine, dirons-nous alors, puisent leur légitimité et leur nécessité virtuelles, leur raison d'être dans la vie sociale, dans la conservation et le maintien de la société. Ce n'est en effet que pour conserver le *tout* qu'on touche à chaque *partie*, et c'est pour conserver au tout la même direction, la même tendance, son indivisibilité et son intégrité, que l'État imprime et a exclusivement le droit absolu d'imprimer à chaque unité qui le compose une inflexion dont la société seule est juge, puisque seule elle doit en bénéficier ou en souffrir.

Si, en effet, à l'âge de vingt ans, par exemple, la société demande à la famille le sacrifice de l'un de ses membres pour la sécurité générale de tous, pour la guerre ou une entreprise quelconque, il faut que la famille ait individuellement ou collectivement reçu aide et secours pour l'éducation et la formation de ce membre. « La patrie (1), en effet, ne nous a pas donné « l'être et l'éducation sans un pacte réciproque, n'at- « tendant de nous aucun secours. Elle ne se fait point « gardienne de nos intérêts pour assurer uniquement « notre repos ou favoriser notre oisiveté; non, elle se « réserve en échange, comme un droit privilégié, le « meilleur de nos facultés, âme, esprit, raison, et nous « laisse, pour notre propre usage personnel, la part « seule qui lui devient inutile. »

Et de plus, ajouterons-nous, n'est-il pas de toute évidence que si on laissait les mille forces particulières suivre chacune une direction et une aspiration, une

(1) CICÉRON. *De Republica* : dix-huit siècles ont passé sur cette pensée, et on la dirait écrite de nos jours.

tendance et une inflexion quelconques, opposées à l'intérêt général et commun, ces forces finiraient par agir contre elles-mêmes et contre le but même de la société, qui est la conservation de *tous* par la conservation de chacun, le développement *social* par le développement individuel. Il faut donc veiller à ce que ce développement harmonique et convergent, qui n'est du reste que l'accomplissement de l'une des tendances de la *loi sociale* elle-même entre l'individu, la commune et la nation, ne puisse se produire que suivant cette tendance et cette direction normales.

L'*État* a donc le droit et le devoir de garder et de défendre l'intégrité et le caractère du patrimoine moral de la nation par l'*éducation civile*, comme il a le droit et le devoir de garder et de défendre l'intégrité et la nature du patrimoine physique du sol par l'*éducation militaire*.

§ 3. — La *liberté sociale* commence donc précisément où finit la *liberté naturelle*, la liberté *civile* où finit la liberté *physiologique*, la civilisation où finit la barbarie, la justice (loi sociale) où finit la force (loi providentielle). Et cette transition insensible, cette transformation vitale et générique, cette transmutation humaine, chacun l'accepte et la subit tacitement et instinctivement par le fait même de sa *naissance* DANS *la société*, parce que sous cette loi sociale et dans l'état social, qu'il échange alors fatalement contre la loi providentielle et l'état nomade : CITOYEN, il est là, *assuré* par l'impôt, qui lui garantit la justice, l'éducation et l'hygiène, certain de gagner l'équivalent de tout ce qu'il perd comme HOMME, et plus de forces et de sécurité pour exploiter ce qu'il a, avantages qu'il ne trouverait pas s'il restait ou retournait à l'état nomade et sous la loi providentielle.

L'*impôt*, dont nous n'avons pas à nous occuper ici pour le moment, mais qui, de quelque manière qu'on le considère, est toujours une atteinte à l'inviolabilité de la personnalité humaine dans l'une quelconque de ses facultés ou de ses attributions, ne doit donc, à cause de ce caractère agravant et onéreux, être employé dans l'*État* ou dans la *commune* qu'à rétribuer des services sociaux, aussi *incontestés* qu'*incontestables*.

Il faut donc que les *services*, qu'*assure* l'impôt, aient été reconnus et *consacrés* de nécessité sociale et d'utilité publique dans la sphère respective de la commune et de l'État, c'est-à-dire qu'il faut que les services rémunérés par *tous* constituent les fonctions génériques et immanentes de la vie sociale, fonctions dont chacun et tous retirent effectivement leur part d'utilité, fonctions sans lesquelles, en un mot, si elles venaient à être interrompues ou troublées un seul instant, la société ne pourrait plus se maintenir en équilibre, et finirait même, dans un temps donné, par se dissoudre.

Ces fonctions se réduisent, ainsi que nous l'avons vu, à la *justice*, à l'*éducation* et à l'*hygiène*, parce que par elles, et par elles seules, la société se conserve et se maintient, se fait et se refait constamment, soit à l'intérieur, soit à l'extérieur. Ce sont les trois seules *conditions* **NÉCESSAIRES** *et* **SUFFISANTES** de la vie sociale. Ce sont les trois seuls ordres de faits essentiels, les trois seules fonctions vitales, les trois seules *lois* où l'État ait non-seulement le *droit* d'intervenir pour en assurer l'exécution et le maintien, autant que pour en déterminer l'esprit et en régler les tendances, mais le *devoir* de les faire *siennes*, et, à *sa guise*, en en *encadrant*, en en enveloppant pour ainsi dire la société.

Tous les autres ordres de faits, tous les autres genres de fonctions sont purement locaux, particuliers et transitoires, relatifs et secondaires, et comme tels doivent être laissés à l'initiative et à l'opportunité des citoyens ou des communes. Ceux-ci seuls sont essentiels et généraux, immanents et nécessaires, et doivent dès lors embrasser, dans leur application et leur ressort, dans leur incidence et leur tengeance, aussi bien l'individu et la commune que la nation elle-même, et agir, car c'est là leur but et leur fin, suivant la prépondérance nationale, en vue du salut public et de la conservation sociale. Or, le détriment ou le dommage que peuvent ainsi éprouver la prépondérance individuelle ou communale trouvant leur compensation dans la prépondérance nationale; le principe fondamental de la société, c'est-à-dire l'inviolabilité de la personnalité humaine, est ainsi toujours sauvegardé, triomphant et équilibré, quand ce n'est pas directement et par lui-même, c'est indirectement et par compensation.

Le livre suivant, où nous allons nous occuper des diverses phases par lesquelles, sous le nom d'*état-de-paix* ou d'*état-de-guerre*, passe tour à tour la société, achèvera de mettre tout à fait en lumière ce dernier point de notre œuvre.

---

# LIVRE III

## Fonctionnement de la vie sociale

---

### CHAPITRE Ier

§ 1. — Dans l'étude des origines et de la nature de l'être social, de la société, soit au sein de la famille, soit au sein de la propriété, où elles sont et où elles résident ; dans les recherches que nous avons faites des sources et du caractère de la *souveraineté*, soit dans l'individualité humaine, d'où nous avons vu qu'elle procède et dérive , soit dans chacune des entités sociales au sein desquelles elle réside, nous avons toujours trouvé en première ligne, aux plus intimes profondeurs de l'histoire, comme aux plus intimes replis de la nature même, en pleine barbarie comme en pleine civilisation, le fait de la *personnalité humaine* comme principe immanent initial et final des lois physiologiques économiques et politiques de la *souveraineté*, soit dans l'individu, soit dans la commune, soit dans la nation.

L'évidence de ce fait est dans sa réalité même, dans sa virtualité, comme sa justification et sa sanction dans la nécessité et la fatalité de l'être. Ce fait, ainsi caractérisé, est un *principe;* ce principe ainsi déterminé, nous l'avons sous le nom d'*individualisme*, pris pour base des sociétés démocratiques sous la forme républicaine.

De ce fait primordial et irréductible, de l'immanence de cette unité indivisible, vitale et générique, de son ubiquité, de son universalité découle alors le principe du fonctionnement organique du corps social, dans chacune des phases de trouble ou d'équilibre, de santé ou de maladie, de *paix* ou de *guerre*, par lesquelles, comme le corps individuel, le corps-social passe dans le cours de son existence au sein de l'humanité.

Par sa nature et ses fins, conformes, du reste, à la nature et aux fins de l'être individuel, par sa formation et son caractère même, l'être social, la société est ainsi fatalement soumise à deux ordres de mouvements : le mouvement *individuel et divergent* et le mouvement *collectif et convergent.*

Par ses diverses variétés, par ses séries divergentes autant que multiples, le *mouvement individuel*, s'il n'était génériquement contenu et contrebalancé par les causes initiales même d'où il dérive et qui, à un certain degré de rayonnement et d'étendue, soit de l'individu, soit de la commune, lui opposent soit les effets, soit les causes initiales même du mouvement contraire de l'Etat et de la nation, effets et causes avec lesquels il se combine et se coordonne alors; le *mouvement individuel*, disons-nous, tendrait à dissoudre et à désagréger la société, ou du moins à l'affaiblir par sa divergence et sa diffusion, si comme nous venons de le dire, il n'était dès l'origine même soumis aux inflexions convergentes, aux tendances unitaires des lois, des trois grandes lois sociales de la justice, de l'éducation et de l'hygiène publiques, qui sont comme le cadre où la société est enchâssée.

Le *mouvement collectif*, au contraire, par son unité et sa simplicité, par sa rapidité et son intensité, si ce mouvement n'était à son tour juridiquement et spécialement réglé et fixé, incidemment et transitoirement déterminé et contenu par les causes même et les circonstances exceptionnelles qui le font établir en jetant pour ainsi dire d'un bloc dans son tourbillonnement, la société tout entière menacée de périls imminents ; ce *mouvement collectif*, disons-nous, s'il se prolongeait, tarirait bien vite toutes les sources de la vie, par la suspension et les déviations qu'il imprime à toutes et à chacune des forces mentales et physiques particulières ou générales de la société, dans chacune des branches de l'activité individuelle, en raison, nous venons de le dire, du péril et du danger communs, en raison alors du salut public.

Nous trouvons donc ici dans le corps social, au sein de l'humanité, le double mouvement vital d'asorption et d'émission commun à tous les êtres au sein de l'univers.

Ces deux mouvements se manifestent et s'exercent dans l'organisme social, d'un côté par les fonctions et les tendances *centralisatrices* de l'*Etat*, et de l'autre, par les fonctions et les tendances *décentralisatrices de l'Individu*.

*Décentralisateur* pendant la paix, et alors la prépondérance et l'initiative sont absolument laissées aux forces individuelles et municipales, au citoyen et à la commune; le fonctionnement devient *centralisateur* pendant la guerre, et alors la prépondérance et l'initiative passent absolument aux forces collectives et sociales, à l'Etat et à l'Assemblée nationale, au sein de laquelle tout est concentré et tout vient aboutir.

En temps de guerre, l'*exercice* de la souveraineté, suspendu au sein de la commune et de la nation, par la concentration de toutes les forces dans une seule direction, passe à son tour tout entier, au sein de l'Assemblée nationale, qui alors, mais *alors seulement*, **DÉPOSITAIRE** de l'exercice de la souveraineté et de la souveraineté elle-même, en confie momentanément l'application à un *dictateur* pour le salut de la chose publique.

Le mouvement décentralisateur de l'état de paix, dont les bases sont le *citoyen* et la *commune*, fait place alors dans le fonctionnement social au mouvement centralisateur de l'état de guerre, dont les bases seront le *canton* et le *département*. On voit ainsi, par les divisions administratives dont la France est si heureusement dotée depuis et par la Révolution, combien il est facile d'établir alternativement dans leur fonctionnement social l'intermittence de ces deux mouvements parallèlement superposés et organisés côte à côte, de manière à ce que l'on n'ait, en quelque sorte, qu'à pousser un ressort le jour où il faut faire prendre à l'un, dans la vie sociale, la place de l'autre, quand la société passe de l'état de paix à l'état de guerre.

§ 2. — Tels sont les deux mouvements génériques, les deux genres d'impulsions divergentes auxquels est alternativement et incidemment soumis le fonctionnement du corps social. Tels sont le flux et le reflux, les oscillations contraires et intermittentes par lesquelles passe la *souveraineté* au sein des sociétés démocratiques sous le régime républicain. Une, indivisible et absolue pendant la guerre; multiple, variée et libre pendant la paix.

Aussi croyons-nous que la confusion, que l'on a toujours faite au sein d'une nation, de ces deux états, de ces deux phases de la vie sociale, pourtant si distinctes entre elles et si divergentes de nature et de but, soit par leurs principes, soit par leurs lois respectives, soit par leurs tendances, soit par leur caractère, doit être comptée au nombre des causes qui ont le plus contribué à obscurcir les saines notions de gouvernement, précisément par le faussement et l'application en sens inverse du mouvement correspondant à chacune de ces phases, soit qu'on ait appliqué les lois de l'état de guerre à l'état de paix et réciproquement; soit encore, ce qui est le plus souvent arrivé, qu'on ait indistinctement appliqué les unes et les autres à l'un et à l'autre état, en un mot, qu'on ait indistinctement soumis le corps social au régime de la *maladie*, quand il lui fallait celui de la *santé* et réciproquement.

Héritiers inconscients des traditions dynastiques du pouvoir en France, même quand le principe et les sources en ont été virtuellement déplacés et changés en 1789, et que la souveraineté, ou du moins l'exercice de la souveraineté, est passé d'un homme à la nation elle-même, le pouvoir est toujours quand même resté par la *centralisation dynastique*, organisé comme sous la monarchie, c'est-à-dire à l'état de guerre intérieure contre la nation elle-même.

## CHAPITRE II

§ 1. — Sous le régime théocratique, en effet, suivant lequel soit dans la paix, soit dans la guerre, toute souveraineté, comme toute puissance, viennent de *Dieu?* Tout est toujours providentiellement rapporté et attribué au représentant incarné et exclusif de la souveraineté et de la puissance au sein de la société, au chef de la communauté dynastique, au monarque : tout en dérive, tout en découle.

Cette constante concentration générale, cette incessante absorption, universelle dans la paix comme dans la guerre, de tous les pouvoirs, de toutes les ressources dans une seule main, se traduisent par l'obéissance absolue et l'inféodation de toutes les volontés, obéissance et inféodation, qui aboutissent, l'une et l'autre, à la conformité quand même (*si veut le roi, si veut la loi*) de chacun et de tous, à la volonté de celui en qui seul est et réside l'incarnation exclusive et immaculée de tout droit et de toute souveraineté, du *roi* : d'où la centralisation absolue, immanente et l'unification quand même, l'absorption de tout, hommes et choses, idées et faits dans un seul : *Ecrasement de la personnalité humaine*, c'est le dernier, comme le premier mot de la théocratie.

Sous le *régime démocratique,* au contraire, suivant lequel tout droit, comme toute puissance, toute souveraineté, comme toute justice, viennent de chacun et de tous, et résident dans la collectivité autant que dans l'individualité, chaque part du droit et de la puissance, de la souveraineté et de la justice, doit être attribuée et rapportée à chacun et à tous : d'où l'indépendance et la dignité individuelles ou collectives de chaque groupe social, de chaque entité générique, d'où la décentralisation absolue et immanente, la variété quand même, l'absorption et la résorption, l'appropriation et l'émission de la collectivité à l'unité et de l'unité à la collectivité, hommes et choses, idées et faits dans chacun et dans tous : *prépondérance de la personnalité humaine;* c'est le dernier comme le premier mot de la démocratie.

La *centralisation* est donc le régime spécial et *unique*, le fonctionnement générique et normal de la communauté théocratique, de tout gouvernement dynastique, soit pendant la paix, soit pendant la guerre, parce que dans l'un et l'autre état, la société comme l'individu, la commune comme la nation, dépouillés de leur prérogative naturelle, y sont toujours sous la pression arbitraire et providentielle de la force et de la foi, et que la force comme la foi ne peuvent jamais céder sans se dissoudre, sans abdiquer. C'est le seul mouvement vital organique de la souveraineté sous la théocratie et le droit divin, c'est le seul possible et c'est le seul que l'histoire et la logique nous révèlent à travers les âges.

La *décentralisation*, au contraire, est le régime générique et normal de l'association démocratique, le fonctionnement naturel de tout gouvernement républicain pendant la paix, comme la *centralisation* devient le régime spécial et exclusif, mais transitoire et momentanée de ladite association, le fonctionnement dudit gouvernement pendant la guerre. Ce sont les deux tendances du mouvement vital et organique de la souveraineté au sein de la démocratie sous la République, tendances qui se modifient ainsi physiologiquement en quelque sorte, suivant les phases et les évolutions de la société elle-même, quand elle passe tour à tour du régime de la paix où elle gravite en liberté sous la pondération de la justice, au régime de la guerre où elle se concentre et se resserre sous la pression de la force.

§ 2. — En temps de paix, l'*individu* est tout : à lui seul toute activité, toute initiative, toute prépondérance dans la commune, comme dans la nation pour qu'il utilise et perfectionne les bienfaits et les ressources de la société librement florissante.

Les forces sociales, intellectuelles et physiques, devant concourir en dehors ou au dedans des frontières à l'accroissement infini et à l'épanouissement illimité de la personnalité humaine, à la prépondérance de la souveraineté individuelle, source irradiante de la souveraineté nationale.

En pleine paix, la puissance et la fortune, la souveraineté individuelle et communale ne sauraient jamais être atteintes ni infirmées pas plus dans leur nature que dans leur manifestation par qui que ce soit, ni par quoi que ce soit. La prépondérance sociale, politique ou économique, doit toute entière rester aux mains de l'*individu* au sein de la *commune*; elle ne peut dès lors se résoudre et s'appliquer effectivement que par la décentralisation la plus complète sous la péréquation de la loi sociale.

En temps de guerre, au contraire, la *société* est tout, à elle seule, toute activité, toute initiative, toute prépondérance dans la commune, comme dans l'État, pour qu'elle utilise les bienfaits et les ressources de chacun et de tous au profit alors de l'être social menacé dans son existence même : les forces sociales, mentales ou physiques convergeront en dehors et en dedans des frontières vers l'accroissement infini et l'expansion illimitée de la personnalité collective de l'être social, vers la prépondérance absolue de la *souveraineté nationale,* gardienne et protectrice de la souveraineté individuelle.

Pendant la guerre et pour la défense de la patrie en effet, la liberté et la puissance, la souveraineté individuelle est suspendues pour faire place, dans le mouvement de l'organisme social, à la liberté et à la puissance, à la souveraineté *nationales*. La prépondérance de la souveraineté sociale de l'individu et de la commune passe toute entière au sein de l'assemblée nationale, où elle se résoud par la concentration la plus complète de toutes les forces sociales, mentales et physiques de tous ordres, aux mains de l'Etat où tout est concentré pour l'intérêt et le salut de tous.

Donc la *centralisation* doit être aussi inactive et aussi impuissante pendant la paix, que puissante et active pendant la guerre ; et par contre la *décentralisation* doit être aussi active et aussi puissante pendant la paix, qu'impuissante et inactive pendant la guerre.

Et ces deux lois trouvent tour à tour leur sanction et leur garantie effectives d'un côté : la décentralisation dans l'attribution exclusivement réservée au maire de chaque commune, du droit de requérir dans sa commune, pour la défense de la loi et le maintien de l'ordre, la force publique, représentée pendant la paix par les *gardes nationales ;* et de l'autre, la décentralisation, dans cette attribution exclusivement réservée à l'*Etat* seul pendant la guerre. La force publique étant alors représentée par l'*armée nationale* sur pied pour la défense du sol.

La guerre, en effet, au sein des sociétés démocratiques, n'est ni un métier, ni une profession, mais bien l'accomplissement d'un devoir le plus sacré de tous.... Et comme tel alors il s'impose à tous et à chacun.

## CHAPITRE III.

§ 1. — Voilà donc cette immense et complexe, cette *redoutable* question de la *centralisation* et de la *décentralisation*, qui, depuis près d'un siècle surtout, divise les meilleurs esprits, résolue, nous croyons, par le seul fait de son appropriation, à tel ou tel état, à telle ou telle phase de la vie sociale, par le fait de l'attribution spéciale de chacun des effets de chacune de ces causes aux principes d'où chacun dérive et aux fins où ils tendent respectivement : *l'individu* et sa prépondérance pendant la paix, la *société* et sa prépondérance pendant la guerre ; et leur conservation mutuelle et réciproque résolue par la combinaison de leurs forces respectives *diversifiées* aux mains de l'*individu*, sous la décentralisation pendant la paix et *concentrées* aux mains de l'*Etat* sous la centralisation pendant la guerre.

Nous ne serons donc pas plus dans cette question particulière et transitoire de la conservation et de la défense de la société que dans la question générale de la formation et de la constitution de la société, du côté de l'antiquité, où l'individu était *fait* pour l'État, que du côté de ceux qui, dans les temps modernes, prétendent que l'État n'est rien, et que tout doit plier et s'incliner sous la puissance individuelle, d'où cette désespérante alternative où les peuples ont tour à tour été précipités du despotisme dans l'anarchie ou de l'anarchie dans le despotisme.

Nous éliminons, pour notre part, cette transcendance et cet absolu, ces extrêmes et ces généralisations spéculatives dans les choses humaines, toutes de relations et de contingences; nous prenons les faits tels qu'ils sont et tels qu'ils se produisent, tels qu'ils se révèlent à nous par l'expérience et l'analyse, par la raison et le progrès. Nous sommes à la fois pour l'individu et pour l'État, parce que nous reconnaissons que l'un suppose et complète l'autre, et que l'un sans l'autre, pas plus que l'un absorbant l'autre, la société ne saurait exister, ni l'ordre et l'équilibre social, économique ou politique se maintenir. L'existence sociale, pas plus que l'existence individuelle, n'est faite de superpositions ni d'exclusions, mais d'équilibre et de mesure entre les divers éléments ou les diverses entités qui la composent.

§ 2. — Nous trouvons au sein même de cette existence, et il y a en effet entre l'individu et l'État un rapport immanent et naturel, essentiel et générique, une péréquation physiologique même, basés sur la quantité de vie, que chacun élabore en son sein sous la pression de lois immuables et de causes initiales et irréductibles et que chacun peut alors dépenser ; là où l'on n'avait jusqu'à présent vu, soit d'un côté, soit de l'autre, qu'un phénomène providentiel ou arbitraire, surnaturel ou variable, dont la légitimité de la puissance ou de la souveraineté dérivait en quelque sorte, sous le nom de droit divin, de l'intensité de résistance, que l'un pouvait par la force opposer le plus longtemps à l'autre : or, la force n'est pas une *loi*.

Nous voulons nous, au contraire, dans et par la République et au nom du *droit social*, que l'*individu*, de toute sa puissance individuelle, mentale et physique, de toute son intensité vitale, fortifie et vivifie, par son rayonnement, l'État, et se voue tout entier à sa défense, quand l'État, institué pour le protéger et le défendre, est menacé et que leur vie sociale et commune est en péril. De même nous voulons que l'*État*, de toute sa puissance collective, mentale et physique, de toute son intensité juridique, protége l'individu, qui paie l'État pour jouir de la sécurité qu'il ne trouve que dans l'État, quand l'individu se croit menacé, et que par ce péril sa vie individuelle comme sa vie sociale sont mises en question.

Ainsi, la *centralisation* ne doit avoir pour objet et pour fins que la défense et la conservation sociales ou nationales. Or, le meilleur moyen d'avoir une intensité irrésistible dans l'effort et la manifestation, dans l'application de cette puissance, dans ce mouvement offensif de l'état de guerre, c'est de laisser pendant la paix la vie individuelle et communale prendre tout le développement, toute l'intensité dont est *socialement* susceptible toute force individuelle ou collective, quand elle n'est gênée par rien dans sa croissance et ses développements multiples et variés, suivant les lois physiologiques, économiques et politiques de l'être lui-même.

En résumé, centralisation absolue en face de l'*étran-*

*ger*, pour l'extérieur, pendant la guerre; et décentralisation absolue, en face du *citoyen*, pour l'intérieur, pendant la paix.

§ 3. — Dans une société assise sur ses bases naturelles, la centralisation ne doit être organisée qu'à l'état *latent* et dans le but de pouvoir grouper et réunir immédiatement, dans une circonstance donnée et occasionnelle, toutes les forces naturelles et économiques, mentales et physiques du pays pour défendre et protéger ses intérêts sociaux ou nationaux contre toute attaque extérieure ou intérieure même. En dehors de cet ordre de faits, tout doit, sous la décentralisation, être laissé à l'initiative individuelle ou municipale.

La décentralisation pendant la paix, en effet, a cet immense et manifeste avantage que, habituant chaque citoyen et chaque commune à faire respectivement tout ce qu'ils peuvent eux-mêmes et par eux-mêmes, chacun dans leur sphère, faire et bien faire ; les forces et les ressources du pays se trouvent ainsi toujours disponibles et prêtes dans chaque sphère et dans chaque ordre de faits, pour, dans un moment de nécessité pressante ou de périls imminents, de défense nationale, de guerre offensive ou défensive, n'avoir plus en quelque sorte que des *cadres* à remplir et être ainsi toujours à la disposition du *gouvernement*, qui alors n'a plus à s'occuper que de la *direction* et de l'*emploi* et non de la *production* et de la recherche desdites forces.

Et pour que ce fonctionnement social de toutes les forces individuelles ou collectives, municipales ou nationales, politiques ou économiques, mentales et physiques, agisse régulièrement dans chacun de ses mouvements inverses, *civils* et *militaires*, indépendamment et efficacement, dans un cas comme dans l'autre, malgré les intermittences de paix ou de guerre, de *santé* ou de *maladie*, pendant lesquelles ils se trouvent l'un ou l'autre alternativement suspendus dans le cours de la vie sociale; il est nécessaire et il faut que l'organisation respective de l'un et de l'autre de ces mouvements, constamment établie et équilibrée dans le corps social comme dans le corps individuel, malgré ses intermittences de santé et de maladie, agisse toujours là comme ici sous l'action résolutoire et constante, immanente et souveraine d'un seul et même principe, initial et final, conservateur et générateur de l'être et de la vie même de l'être.

Or, cette action immanente, souveraine et une, pour le corps social comme pour le corps individuel, est, ainsi que ces études tendent à l'établir et à le prouver, celle de la *justice*, égale au sein de l'humanité pour l'homme comme pour la société ; équivalente à la *pesanteur*, égale elle-même au sein de l'univers pour un atome comme pour les mondes ; immuable, et aussi inaltérable qu'inaltérée pendant les temps d'*orages* que pendant les *temps* de *calme*, pendant la *santé* que pendant la *maladie*.

La JUSTICE, pouvons-nous dire en terminant, est donc l'*âme* de l'humanité. Or, comme la justice, ainsi que nous croyons l'avoir établi dans le cours de ces études, a sa source et ses fins dans le fait même de la personnalité humaine, c'est donc par la consécration sociale du principe de l'*inviolabilité de la personnalité humaine*, ainsi que nous l'avons dit en commençant ces études, en un mot dans et par l'*Individualisme*, objet et sujet de la justice, source et fin de l'homme et des sociétés démocratiques, par l'*individualisme* en opposition au *catholicisme*, objet et sujet de l'Église source et fin du prêtre et des sociétés théocratiques, au sein desquelles et par lesquelles la personnalité humaine a tou' jours été anéantie, annihilée ou violée; c'est, disons-nous, par l'INDIVIDUALISME, expression historique et consécration sociale du principe de l'*inviolabilité humaine*, que l'humanité doit renaître et se régénérer, et notre grande et malheureuse patrie en particulier se retremper et revivre, si elle veut reprendre dans le monde la place et le rang qu'elle y a si souvent et si glorieusement occupés, et que la lente et constante conspiration des âges tend toujours à lui assigner, même dans ses défaites. Apôtre de la liberté, sanctuaire de la justice, non, la France ne peut mourir, car le jour où elle périrait, l'humanité rendrait son âme!

Il faut donc que la France rentre d'abord elle-même en possession de son âme et de sa souveraineté; et nous l'avons vu, au cours de ces études, nous l'avons établi, reconnu, constaté et prouvé par la logique et par l'histoire, la France ne le peut qu'au sein de la justice, dans et par la République.

La JUSTICE, en effet, qui, historiquement et scientifiquement, se résume aujourd'hui dans le *fait* expérimentalement et didactiquement démontré de l'*inviolabilité* et *de la souveraineté* de la PERSONNALITÉ HUMAINE, base et aboutissement suprême de toute civilisation et de tout progrès à travers les âges, se trouve donc exclusivement dans les principes de la révolution et de la démocratie, sous le nom d'*individualisme*, et non pas dans les principes de l'Église et de la théocratie, sous le nom de *catholicisme*.

Cette question, après deux mille ans d'expériences

et d'épreuves de toutes sortes, de luttes et de combats de tous genres, est enfin élucidée et vidée. Elle est plaidée et jugée. Il faut passer à l'exécution du jugement : *to be or not to be.*

Posée envers et malgré nos adversaires par la lente et laborieuse incubation des âges, elle se résoudra de même envers et malgré eux tous aussi, par l'enfantement naturel et fatal des âges. Et, quoi qu'en puissent dire ou prétendre tels ou tels, ce n'est pas plus une question de *religion* qu'une question de *dogme;* c'est tout simplement une question de *science* et une question de *fait;* c'est une question d'évolution sociale et politique, humaine et physiologique, que, de toute éternité, l'humanité portait attachée à ses flancs.

Tant pis alors pour qui, infidèle au principe religieux, cette irradiation intime et libre, cet élan spontané et volontaire de la vie morale de l'homme au sein de la conscience, identifia cette question avec le principe politique, cet épanouissement, externe et progressif physiologique et économique de la vie organique de l'homme au sein de la société.

Et pour nous, dont les sentiments sont précisément d'autant plus profondément religieux et patriotiques qu'ils sont anti-théocratiques et anti-catholiques; pour nous, qui ne pouvons croire en Dieu que comme les aveugles peuvent croire aux couleurs, et dont la foi négative et suspensive vaut certainement autant (*nous l'affirmons*) que toute foi spéculative et mystique, nous nous refusons à croire que l'accomplissement final de la révolution française, œuvre absolument *humaine*, puisse, — si Dieu est vraiment ce que nous concevons, sans qu'on ait toutefois, depuis cinq ou six mille ans, pu encore nous le démontrer expérimentalement, —

ébranler en quoi que ce soit une œuvre essentiellement *divine*.

Nous nous refusons à croire cela jusqu'au jour où l'on voudra nous faire connaître les limites exactes et précises que Jésus-Christ aurait tracées pour déterminer sur la terre l'étendue de son empire; car ce jour-là nous saurions si la religion est ou non menacée de périr dans le monde par le fait de transformations sociales et politiques, mentales ou physiques, que peut subir un peuple.... Mais jusqu'alors, nous nous refusons à croire que la religion soit attachée à une *motte de terre*, et dès lors que l'existence *immanente* de Dieu (s'il existe) dépende de l'existence *contingente* d'un dogme quelconque.

Voilà pourquoi croyant à *la justice* et à *la vérité*, nous ne pouvons croire ni à la théocratie ni à l'église ; nous ne croyons qu'à la France et à la République, qui est la religion de l'humanité.

L.-P. M.

# TABLE DES MATIÈRES

IMPRIMERIE MODERNE — BARTHIER, Dr
Rue Jean-Jacques-Rousseau, 61

IMPRIMERIE MODERNE (BARTHIER, DIRECTEUR)
61, rue Jean-Jacques-Rousseau, 61

www.ingramcontent.com/pod-product-compliance
Ingram Content Group UK Ltd.
Pitfield, Milton Keynes, MK11 3LW, UK
UKHW020256250726
13967UKWH00004B/1705